青少年知识小百科

王　烨　主编

地理知识百科

DI LI ZHI SHI BAI KE

云南大学出版社

图书在版编目（CIP）数据

地理知识百科/王烨主编. —昆明：云南大学出
版社，2010
（青少年知识小百科）
ISBN 978 – 7 – 5482 – 0324 – 7

Ⅰ.①地… Ⅱ.①王… Ⅲ.①地理—世界—青少年读
物Ⅳ.①K91 – 49

中国版本图书馆 CIP 数据核字（2010）第 260390 号

青少年知识小百科

地理知识百科

主　　编：王　烨
责任编辑：于　学　段义珍
装帧设计：林静文化

出版发行：云南大学出版社
电　　话：(0871) 5033244　5031071　　(010) 51222698
经　　销：全国新华书店
印　　刷：北京旺银永泰印刷有限公司

开　　本：710mm×1000mm　1/16
字　　数：260 千字
印　　张：15
版　　次：2011 年 3 月第 1 版
印　　次：2011 年 3 月第 1 次印刷
书　　号：ISBN 978 – 7 – 5482 – 0324 – 7
定　　价：29.80 元

地　　址：云南省昆明市翠湖北路 2 号云南大学英华园内
邮　　编：650091
E – mail：market@ ynup. com

前　言

时光如梭、岁月如流、迈步进入 21 世纪。这是一个信息的时代、这是一个知识的世界、这是一个和谐发展的社会。亲爱的青少年读者啊，遨游在地球村，你将发现瑰丽的景象——自然的奥秘、文明的宝藏、宇宙的奇想、神奇的历史、科技的光芒。还有文化和艺术，这些是人类不可缺少的营养。勇于探索的青少年读者啊，来吧，快投入这智慧的海洋！它们将帮助你，为理想插上翅膀。

21 世纪科学技术迅猛发展，国际竞争日趋激烈，社会的、信息经济的全球化使创新精神与创造能力成为影响人们生存的首要因素。21 世纪世界各国各地区的竞争，归根结底是人材的竞争，因此培养青少年创新精神，全面提高青少年素质和综合能力，已成为我国基础教育的当务之急。

为满足青少年的求知欲，促进青少年知识结构向着更新、更广、更深的方向发展，使青少年对各种知识学习发生浓厚兴趣，我们特组织编写了这套《青少年知识小百科》。它是经过多位专家遴选编纂而成，它不仅权威、科学、规范、经典，而且全面、系统、简洁、实用。《青少年知识小百科》符合中国国情，具有一定前瞻性。

知识百科全书是一种全面系统地介绍各门类知识的工具书，是人类科学与思想文化的结晶。它反映时代精神，传承人类文明，作为一个国家或民族文明进步的标志而日益受到世界各国的重视。像法国大学者狄德罗主编的《百科全书》，英国 1768 年的《不列颠百科全书》，以及我国 1986 年出版的《中国大百科全书》等，均是人类科学与文化的巨型知识百科全书，堪称"一所没有围墙的大学"。

　　《青少年知识小百科》吸收前人成果，集百家之长于一身，是针对中国青少年的阅读习惯和认知规律而编著的；是为广大家长和孩子精心奉献的一份知识大餐，急家长之所急，想孩子之所想，将家长的希望与孩子的想法完美体现的一部智慧之书。相信本书会为家长和孩子送上一份喜悦与轻松。

　　全书500多万字，共分20册，所涉范围包括文化、艺术、文学、社会、历史、军事、体育、未解之谜、天文地理、天地奇谈、名物起源等多个领域，都是广大青少年需要和盼望掌握的知识，内容很具代表性和普遍性，可谓蔚为大观。

　　本书将具体的知识形象化、趣味化、生动化，知识化、发挥易读，易看的功能，充分展现完整的内容，达到一目了然的效果。内容上人性、哲理兼融，形式上采用编目式编辑。是一部可增扩青少年知识面、启发青少年学习兴趣的百科全书。

　　本书语言生动，富有哲理，耐人寻味，发人深省，给人启迪，有时甚至一生铭记在心，终生受益匪浅，本书易读、易懂让人爱不释手，阅读这些知识，能够启迪心灵、陶冶情操、培养兴趣、开阔眼界、开发智力，是青少年读物中的最佳版本，它可以同时适用于成人、家长、青少年阅读，是馈赠青少年的最佳礼品，而且也极具收藏价值。

　　限于编者的知识和文字水平，本书难免有疏漏之处，敬请专家学者和广大读者批评指教，同时，我们也真诚地希望这套系列丛书能够得到广大青少年读者的喜爱！

本书编委会

目　录

第一章　综合学科——地理学

地理是一种奇特的自然景观和环境现象，在未有人类之前，它就已经在地球上客观存在了。随着生命的诞生，人们在这个生机勃勃的星球上劳动和繁衍生息过程中逐渐认识、掌握和积累了丰富的地理知识。伴着社会的向前发展和进步，时代赋予了地理全新的面貌与深刻内涵，同时也孕育了一种自然学科——地理学的产生。

1. 地理学的出现

"地理"一词，最早出现在我们祖先留下的历史文献中。公元前5世纪成文的《易经·系辞》，里面有"仰以观于天文，俯以察于地理"的字句。东汉思想家王充对天文、地理更有相当深入的研究，他言简意赅地总结出："天有日月星辰谓之文，地有山川陵故谓之理。"在中国浩瀚如海的文化长河中，古代最早的地理书籍有《尚书·禹贡》和《山海经》等著名专著。

回眸史海，我们会惊奇地发现：勤劳智慧的古代人对探索关于地球形状、大小的测量方法，或对已知的国家和地区都有相当的科学研究和详细的文字描述。在西方，公元前2世纪，古希腊学者埃拉托色尼第一次合成了"geographica"这个术语，意思是"地理"或"大地的记述"，并写出了西方第一本以"地理"命名的专著《地理学》。

地理学是研究地球表面的地理环境中各种自然现象和人文现象，以及它们之间相互关系的专门学科。它的研究对象是地球表面同人类相关的地理环境，以及地理环境与人类的关系，而这种人地关系的研究重点是空间关系。

百科小知识

古代地理典籍——《尚书·禹贡》

《尚书·禹贡》是我国自从有文字以来首次介绍人与地关系的古籍经典。它是战国时期魏国文人托名大禹的著作，因而就以《禹贡》为书的篇名。

当时，《禹贡》也是本书的作者设想在结束诸侯割据局面之后，所提出的一种治理国家的方案。这是一个宏伟而周密的方案，见解独到，不比寻常。因而作者假借大禹之名，企望能够得到实际的施行。

《禹贡》以地理为基础，把当时的天下划分为九州，这是撰著者理想中的政治区划。此外，书中还对山脉、河流、土壤、田地、物产、道路以及各地的部落，都进行了详细的论述和列举。

2. 地理学的分类

地理学没有一个公认的分类体系。在世界范围内，西欧学者把地理学分为部门地理学和区域地理学两部分。

部门地理学是地理学基本层次一系列分支学科的统称。它是研究地理环境各个要素的结构、分布、发展变化规律及人类影响的地理学分支科学。

部门地理学分为自然地理学和人文地理学两大分支，下分次级分支学科。区域地理学是研究某一特定地区地理环境的特征、结构、发展变化，以及区域分异和区际联系的学科，是地理学的重要分支学科之一。按照内容，区域地理学可分为区域自然地理学和区域人文地理学。区域自然地理学研究的重点是区域各个自然地理成分的相互关系以及区域自然地理环境的特征、结构、形成和演化过程；区域人文地理学着重研究区域人地关系，探讨区域中各种人文现象的分布、变化、扩散以及人类社会活动的空间形式和结构。作为区域人文地理学的重要分支之一，区域经济地理学主要研究的是区域生产布局和结构、地域生产综合体的形成和发展规律以及区域间的经济联系等。

在地理学的研究领域，还有许多与之密不可分的其他分支学科。主要包括自然地理学、动植物地理学、冰川冻土学、古地理学、水文地理学、土壤地理学、化学地理学、综合自然地理学、人文地理学、经济地理学、农业地理学、工业地理学、商业地理学、交通运输地理学、旅游地理学、人口地理学、人种地理学、聚落地理学、乡村地理学、城市地理学、社会地理学、文化地理学、医学地理学、政治地理学、军事地理学、地图学、地名学、历史地理学、应用地理学等。

自然地理学

自然地理是地理学的一个重要分支学科。它是研究自然地理环境的组成、结构、功能、动态及其空间分布规律的学科，自然地理学利用生物学来研究地理现象。它是一种系统的地理学，了解全球性植物群和动物区系样式，运用数学、物理等基础科学来研究地球本身的运动以及它和其他太阳系中星体的关系，研究星体位置和空间上地球变化的学科。

自然地理学的研究对象是自然地理环境，包括只受到人类间接或轻微影响，而原有自然面貌未发生明显变化的天然环境，和长期受到人类直接影响而使原有自然面貌发生重大变化的人为环境。

自然地理环境是指地球表面，具有一定厚度的圈层，即岩石圈、水圈、大气圈、生物圈相互作用、相互渗透的区间内的一个特殊圈层。它是在太阳辐射能、地球内能和生物能作用下形成的，比地球的其他圈层的特征要复杂得多。在这里，各种固体、液体、气体状态的物质同时稳定地存在并且相互渗透。只有在地球的这一部分才具有生物产生和繁衍的条件，并成为生物圈进一步发展的强大因素。人类出现后，地球表面又成为人类生活和生产活动的环境。

自然地理学的研究内容随着学科的发展越来越广泛，但主要还是研究各自然地理成分的特征、结构、成因、动态和发展规律；研究各自然地理成分之间的相互关系，彼此之间的物质和能量的循环与转化的动态过程；研究自然地理环境的地域分异规律；研究各个区域的部门自然地理和综合自然地理特征，并进行自然条件和自然资源的评价，为区域开发提供科学依据；研究受人类干扰、控制的人为环境的变化特点、发展趋势、存在的问题，寻求合理利用的途径和整治措施。

宇宙星体的变化

随着许多自然科学的发展，人们对自然地理产生了新的认识。于是，自然地理学形成了众多的分支学科。按照地理研究的相关特点，自然地理学可分为综合性地理学和部门性地理学两组分支学科。

综合自然地理学是研究自然地理环境整体的综合特征的学科。其中，综合性自然地理学的分支学科有综合自然地理学、区域自然地理学、古地理学和历史自然地理学等。

区域自然地理学是研究某一特定地区的自然地理要素之间的相互关系和自然地理环境的特征、结构、发展变化的学科，也是区域地理学的分支学科。

部门性自然地理学则涵盖很多方面，主要有地貌学、气候学、水文地理学、土壤地理学、生物地理学（植物地理学、动物地理学）、化学地理学、医学地理学、冰川冻土学、物候学、火山学和地震学等诸多领域。

综合自然地理学是研究自然地理环境整体的综合特征的学科。

古地理学是研究和重建地质时期地球表面自然地理现象的学科。

历史自然地理学是研究近一万年来人类历史时期自然地理环境的变化及其规律的学科，也是历史地理学的分支学科。

另外，有普通自然地理学，它是研究自然地理环境的物质组成、结构特征形成和变化规律的学科，也有人认为它是综合自然地理学的分支学科。

部门性的分支学科有地貌学、气候学、水文地理学、土壤地理学、生物地理学、冰川学、冻土学、化学地理学和医学地理学等。

地貌学、气候学、水文地理学、土壤地理学、生物地理学是在研究自然地理环境整体的基础上以自然地理环境的某一成分为研究对象，研究其组成、结构、动态及分布等特征和规律。它们的形成与某些自然科学有关，是自然地理学与相邻的其他科学的边缘学科。

地貌学又称地形学，是研究地球表面的形态特征、成因、分布及其演变规律的学科，是自然地理学与地质学的边缘学科。

气候学是研究气候特征、形成、分布和演变规律，以及气候与其他自然因子和人类活动的关系的学科，是自然地理学与大气科学的边缘学科。

水文地理学，研究地球表面各类水体的性质、形态特征变化与时程分配，以及分布规律的学科，是自然地理学与水文学的边缘学科。

土壤地理学是研究土壤与地理环境的关系的学科，是自然地理学与土壤学的边缘学科。

植物地理学是研究植被空间分布规律的学科，是自然地理学与植物学的边缘学科。

动物地理学是研究动物在地球表面的分布及其生态地理规律的学科，是自然地理学与动物学的边缘学科。

以独特的自然综合体或自然地理环境的某一方面为研究对象的分支学科有：

冰川学是研究地球表面各种自然冰体的形成、特征、发育及其分布规律的学科。

化学地理学是研究地理环境的化学组成和化学元素的分布、迁移转化规律的学科，是自然地理学与化学的边缘学科。

医学地理学是研究人群疾病和健康状况的地理分布、与地理环境的关系，以及医疗保健机构和设施地域合理配置的学科。它既是地理学与医学的边缘学科，也是应用地理学的分支学科。

此外，还有环境地理学、海洋地理学、荒漠学、河流学、沼泽学等分支学科。

现代自然地理学不断加强定量分析、生态化和应用研究的同时，还注意吸收其他学科的新成就和研究方法，开始进行地理预测研究，并将更加重视全球环境问题。同时，自然地理学研究与人文地理学研究将越来越紧密地联系在一起。

百 科 小 知 识

自然地理是社会科学吗？

自然地理不是社会科学。因为社会科学是以社会现象为研究对象的科学。它的任务是研究与阐述各种社会现象及其发展规律。社会科学所涵盖的学科有政治学、经济学、管理学、法学、社会学、心理学、教育学、伦理学、文学、美学、艺术学、逻辑学、语言学、史学、军事学、人类学、考古学、民俗学、新闻学、传播学在内的社会学科。

人文地理学

人文地理学又称"人生地理学"，是地理学的主要分支学科之一。它是以人地关系的理论为基础，探讨各种人文现象的地理分布、扩散和变化，以及人类社会活动的地域结构的形成和发展规律的一门学科。人文地理学泛指各种社会、政治、经济和文化现象。

人文地理学更注重地理学中社会科学的成分。一般意义上，人文地理学有广义与狭义之分。广义的人文地理学包括社会文化地理学、政治地理学、经济地理学等，狭义的人文地理学则指社会文化地理学。

人文地理学经过长期发展已形成一个较完整的学科体系。一般可以分为综合人文地理学、部门人文地理学和区域人文地理学。

综合人文地理学主要指对人地关系理论的研究。部门人文地理学则可分为经济、政治、社会文化三个方面，也有一些学者将其分为社会文化和经济两个方面。人文地理学专论部分则包括对各种地区人文要素的区域地理研究。

经济地理学是以阐释人类生产和生活资料的生产、流通和消费分配等人类经济活动的地域分布和空间组织为主要任务。传统的经济地理学关心各种资源、生产及商业的分布同自然环境的关系，以生产布局、区位分析为研究的核心。其中区位论和中心地学说曾对地理学和其他学科的发展起到过重要作用。现代经济地理学的研究开始注意社会结构、政府决策以及人们的行为决策对经济布局的影响，出现了国土经济学，重视国土整治问题。有些学者认为旅游地理学研究所涉及的旅游属于经济活动范畴，因此旅游地理学也是经济地理学的组成部分之一。

政治地理学是通过研究国民与领土的关系来分析政治现象的地域体系，并分析以政治、军事、经济和宗教为背景的各种国家集团对世界和地区所起的作用。

文化地理学则从人类文化的空间组合的角度，解释各种文化要素如何使不同地区具有各种区域特征，研究对象和内容与社会地理学有许多相同之处。

人文现象的分布、扩散和变化虽然受到自然环境的制约，但是社会、经济、文化和政治等因素，尤其是社会生产方式和社会经济制度也起到十分重要的作用。因此，人文地理学可以说是地理学中的一门人文科学或社会科学。

人文地理学的研究特点既有综合性、地域性和动态性等地理学各分支学科所共有的特征，又有以人文现象作为研究主体的特征；其研究对象虽与社会科学有相同之处，但其注重地域分布特征及人文现象与地理环境的相互关系，又不同于社会科学，从而形成其特有的理论和方法，成为一门跨学科的边缘性科学。

作为地理学中一门接近人文或社会科学的学科，人文地理学在研究方法上既采用地理学中传统的方法（如实地调查、运用地图等）和现代方法（如航空相片、卫星相片、地理模型等），也引进大量的社会科学方法（如抽样调查、定量技术、心理学和行为学等研究方法）。

地理学是研究地球表面的自然现象和人文现象空间分布以及两者间相互关系的一门学科，人文地理学和自然地理学是相互密切联系的两大组成部分。因此，人文地理学的发展对于地理学的发展有重要作用。

人文地理学同经济学、人口学、政治学以及环境科学、生态学、区域科学、行为科学结合，可以为解决世界性的资源短缺、人口危机、自然灾害、环境污染和生态平衡以及城市问题等作出贡献，尤其是对于国家和地区的经济发展规划起到重要作用。

目前人文地理学仍是许多分支学科松散组合的一门学科，还有待于进一步的发展。此外，有关人地关系的理论探讨，数量统计方法和模型、系统的运用，行为科学的引进，以及对社会实际问题的研究，也尚处于初始阶段。

第二章　蓝色星球——地球

地球是太阳系八大行星之一，也是太阳系中直径、质量和密度最大的类地行星。据推算，地球的年龄在 44～46 亿年之间。它有一颗天然的卫星是——月球，围绕着地球以 30 天的周期旋转，而地球以近 24 小时的周期自转并且以一年的周期绕太阳公转。地球和月球组成一个天体系统被称为地月系统。

第一节　人类家园——地球全貌

1. 地球的名字

目前为止，在人类已知的宇宙星球中，地球是唯一有人类活动的行星。它最初的名字来源于英文"Earth"（地球）这个词。当时，人类还不知道地球是颗行星，"Earth"这个词只是被用做表示人们在它上面行走的大地。后来，"地球"这个词不仅表示我们脚下的大地，而且渐渐地表示整个世界本身。至于这个词是什么时候出现的，就无从考证了。

2. 地球的基本特征

作为太阳系的八大行星之一，地球与太阳的平均距离为 14 960 万千米，在行星中排名第三；它的赤道半径约为 6 378.2 千米，大小在八大行星中位列第五。

地 球

按照离太阳由近及远的次序排列，地球位于水星和金星之后，是太阳系的第三颗行星。

地球的运动有它自身的特殊规律，人们把它绕地轴的旋转运动叫做"自转"。地轴的空间位置基本上是稳定的，它的北端始终指向北极星附近，地球自转的方向是自西向东；从北极上空看，呈逆时针方向旋转。地球自转一周的时间，约为 23 小时 56 分，这个时间称为"恒星日"；然而在地球上，我们感受到的一天是 24 小时，这是因为我们选取的参照物是太阳。由于地球自转的同时也在公转，这 4 分钟的差距正是地球自转和公转叠加的结果。天文学上把我们感受到的这 24 小时称为"太阳日"。地球自转产生了昼夜更替。由于昼夜更替使地球表面的温度不至太高或太低，适合人类生存。

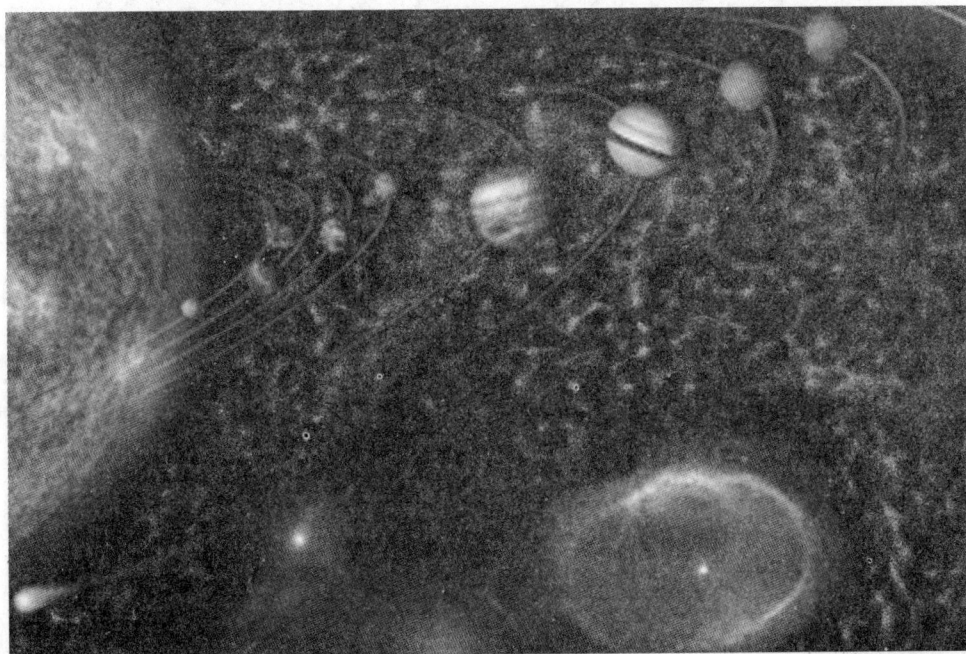

地球在太阳系中的位置

　　地球自转的平均角速度为每小时转动 15 度。在赤道上，自转的线速度是每秒 465 米。天空中各种天体东升西落的现象都是地球自转的反映。人们最早就是利用地球自转来计量时间的。研究表明，每经过 100 年，地球自转速度减慢近 2 毫秒，这主要是由潮汐摩擦引起的；潮汐摩擦还使月球以每年 3～4 厘米的速度远离地球。地球自转速度除长期减慢外，还存在着时快时慢的不规则变化，引起这种变化的真正原因目前尚不清楚。

　　地球绕太阳的运动叫做"公转"。从北极上空看是逆时针绕日公转。地球公转的路线叫做"公转轨道"。它是接近正圆的椭圆轨道。太阳位于椭圆的两焦点之一。每年的 1 月 3 日，地球运行到离太阳最近的位置，这个位置称为"近日点";7月4日，地球运行到距离太阳最远的位置，这个位置称为"远日点"。

　　地球公转的方向也是自西向东，运动的轨道长度是9.4亿千米，公转一周所需的时间为一年，约365.25天。地球公转的平均角速度约为每日1度，平均线速度约为每秒钟30千米。在近日点时公转速度较快，在远日点时较慢。地球自转的平面叫"赤道平面"，地球公转轨道所在的平面叫"黄道平面"。两个面的交角称为"黄赤交角"，地轴垂直于赤道平面，与黄道平面交角为66°34′，或者说赤道平面与黄道平面间的黄赤交角为23°26′，由此可见地球是倾斜着身子围绕太阳公转的。

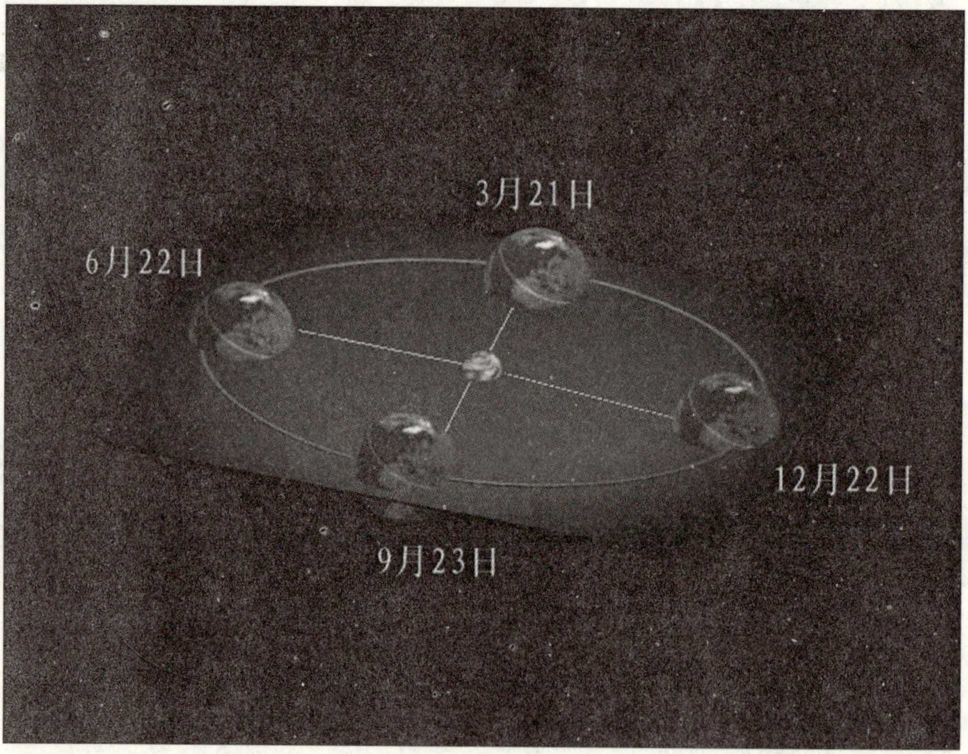

3月21日

6月22日

12月22日

9月23日

地球公转示意图

　　地球的形状很不规则。它自转产生的惯性离心力使得地球的形状由两极向赤道逐渐膨胀，成为目前的略扁的极半径比赤道半径约短21千米的形状。如果按照这个比例制作一个半径为1米的地球仪，那么赤道半径仅仅比两极半径长了大约3毫米，凭着人的肉眼是难以察觉出来的，因此在制作地球仪时总是将它做成规则球体。

百科小知识

中国最早的地球仪

　　1623 年，传教士曼纽尔·迪亚士和龙华民为当时的中国皇帝制作了一个地球仪，这是已知的、最早的中国地球仪。它很好地融合了东西方文化元素，堪称地球仪制作的典范。

　　在这个地球仪中，非洲和欧洲海岸绘图与当时中国传统地图有很大的差异。因为当时中国传统地图往往夸大了中国的面积，并且将中国的位置摆放在世界的中心。

1623 制作年的中国地球仪

3. 地球的内部结构

　　由于地球有不同的化学成分与地震性质，科学家将地球内部分为不同的岩层。从外向内，地球内部有地幔、地壳、地核三层结构。

　　地壳是地球内部结构中最外的圈层，是由岩石组成的地壳固体外壳。地壳的平均厚度约为 17 千米之间，大陆地区的地壳较厚，如青藏高原地区的厚度就达 70 千米；大洋地区的地壳较薄，如大西洋地壳有的地方厚度仅有 5 千米。

　　地壳的上部主要由密度小、比重较小的花岗岩组成，成分为硅、铅元素，称为"硅铅层"。地壳下部是由密度大、比重较大的玄武岩组成，主要成分是镁、铁、硅元素，也称为"镁硅层"。在地壳的最上层是一些厚度不大的沉积岩、沉积变质岩和风化土，它们是地壳的表层。在地壳中蕴藏着极其丰富的矿产资源，目前已探明的矿物质约有 2 000 多种，其中尤以金、银、铜、铁、锡、钨、锰、铅、锌、汞、煤、天然气、石油等能源为主，是人类赖以生存的宝贵资源。

地球内部结构

地幔位于地壳 70 千米之下，地核 2 900 千米以上，也称为"中间层"，约占地球总体积的 83.3%。

地幔也是固态，在它上部有一层极小部分熔融的区域，称为"软流圈"；地幔最顶部及整个地壳则称为"岩石圈"。地幔分为上下两层。上地幔约在地壳以下至 1 000 千米处，这里的物质处于局部的熔融状态，是岩浆的发源地。地球上分布广泛的玄武岩就是这一层喷发出来的。下地幔约在地下 1 000 ~ 2 900 千米，主要由金属硫化物和氧化物组成。地幔温度较高，上地幔的温度约为 1 200℃ ~ 1 500℃，下地幔温度约为 1 500℃ ~ 2 000℃。

下部地幔的主要成分可能是矽、镁、氧，再加上一些铁、钙及铝；上部地幔主要成分则是橄榄石及铁镁矽酸盐岩石，也有钙和铝。

地幔占有地球的主要质量，约占地球总质量的67.77%，地核反而位居其次。

地核是地球内部结构中的中心圈层，主要由铁、镍组成，并含有少量的硅、钾、硫、氧等其他元素。

地核分为内核和外核两部分。外核自地下 2 900 ~ 5 100 千米，占地球质量的31.5%，体积占地球体积的16.2%。由于地核在地球的最深处，受到的压力很大。当外核的压力达到136万个大气压时，核心部分的压力就高达360万个大气压。地核内部的温度约为 2 000 ~ 5 000℃，比太阳表面温度还要高，物质密度平均为 10 ~ 16 克/立方厘米。

百 科 小 知 识

软流圈的由来

在距地球表面以下约100千米的地幔中，有一个明显的地震波的低速层，称之为"软流圈"。这是由科学家古登堡于1926年最早提出的。

软流圈位于地幔的上部顶层。在大洋底部，它位于约60千米深度以下；在大陆地区，它位于约120千米深度以下。现代观测和研究已经肯定了这个软流圈层的存在。也就是由于这个软流圈的存在，将地球外圈与地球内圈区别开来了。

4. 地球的外部圈层

地球的外部有大气圈、水圈、生物圈和岩石圈，还有磁层，它们形成了围绕固态地球的外套。磁层和大气圈阻挡着来自空间的紫外线、X 射线、高能粒子和众多的流星对地面的直接轰击。在地球表面附近，各圈层则是相互渗透甚至相互重叠的，其中生物圈表现最为显著，其次是水圈。

大气圈是地球外圈中最外部的气体圈层，它包围着海洋和陆地。大气圈没有确切的上界，在 2 000 ～ 16 000 千米的高空仍有稀薄的气体和基本粒子。在地下，土壤和某些岩石中也会有少量空气，它们也可认为是大气圈的一个组成部分。地球大气的主要成分为氮、氧、氩、二氧化碳和不到 0.04% 比例的微量气体。地球大气圈气体的总质量约为 5.136 102 1 克，相当于地球总质量的 0.86%。由于地心引力作用，几乎全部的气体集中在离地面 100 公里的高度范围内，其中 75% 的大气又集中在地面至 10 千米高度的对流层范围内。

地球外部圈层

　　根据大气分布特征，大气圈在流层之上还有平流层、中间层、热成层等。在地球大气组成中，78% 是氮气，氧气占有 21%，还有微量的氩、二氧化碳及水气。科学家估计，地球最初形成时的大气很可能大部分都是二氧化碳，不过，它们大多已被碳酸盐类岩石凝结，其余的则是溶入海洋及被绿色植物耗尽。

　　大气中存在的水气及微量二氧化碳所造成的温室效应是维持地表温度极重要的作用。温室效应使地表温度提高了大约 35℃，否则地表的平均温度将是酷寒的 -21℃。此外，水气更是地球水循环及天气变化中不可或缺的要素。

　　自由氧的存在也是地球化学组成的一大特征，因为氧是活性很强的气体，照理说应该很容易就和大气中其他元素相化合，地球上的氧气完全是由生物作用产生及维持，若没有生命就不会有自由氧。

地球是太阳系唯一在表面可以拥有液态水的行星。地球表面积的71%被水所覆盖，液态水是我们已知的生命形式所不可或缺的重要因素。由于水具有的大比热性质，海洋的热容积对保持地球温度的恒定起着关键作用。液态水还是陆地上侵蚀与风化作用的主要营力，这是地球有别于太阳系其他行星的地方。

水圈包括海洋、江河、湖泊、沼泽、冰川和地下水等，它是一个连续但不很规则的圈层。从离地球数万公里的高空看地球，可以看到地球大气圈中水汽形成的白云和覆盖地球大部分的蓝色海洋，它使地球成为一颗"蓝色的行星"。如果整个地球没有固体部分的起伏，那么全球将被深达2 600米的水层所均匀覆盖。

大气圈和水圈相结合，组成了地表的流体系统。由于存在地球大气圈、地球水圈和地表的矿物，在地球上这个合适的温度条件下，形成了适合于生物生存的自然环境。人们通常所说的生物，是指有生命的物体，包括植物、动物和微生物。据估计，现有生存的植物约有40万种，动物约有110多万种，微生物至少有10多万种。据统计，在地质历史上曾经生存过的生物约有5~10亿种之多，然而，在地球漫长的演化过程中，绝大部分都已经灭绝了。现存的生物生活在岩石圈的上层部分、大气圈的下层部分和水圈的全部，构成了地球上一个独特的圈层，称为"生物圈"。生物圈是太阳系所有行星中仅在地球上存在的一个独特圈层。

除表面形态外，岩石圈其他部分是无法直接观测到的。它主要由地球的地壳和地幔圈中上地幔的顶部组成，岩石圈厚度不均一，平均厚度约为100千米。由于岩石圈及表面形态与现代地球物理学、地球动力学有着密切的关系，因此，岩石圈是现代地球科学中研究得最多、最详细、最彻底的固体地球部分。

地球还拥有适度的磁场，它的起因是液态外地核中的电流。太阳风与地球磁场及外层大气的交互作用产生了极光；地球磁场及

岩石圈

其与太阳风的交互作用也造成了强光辐射带。它是环绕着地球的成对环状带，由气体离子（电浆）组成。它的外圈由海拔 19 000 千米延伸到 41 000 千米；内圈则介于海拔 13 000 ~ 7 600 千米。

科学家研究发现，由于洋底占据了地球表面总面积的 2/3 之多，而大洋盆地约占海底总面积的 45%，平均水深为 4 000 ~ 5 000 米，大量发育的海底火山分布在大洋盆地中。因此，整个地球的主要表面形态可认为是由大洋盆地与大陆台地组成，对它们的研究，构成了与岩石圈构造和地球动力学有直接联系的"全球构造学"理论。

地球是人类的共同家园。然而，随着科学技术的发展和经济规模的扩大，全球环境状况持续恶化。有资料表明：自 1860 年有气象仪器观测记录以来，全球年平均温度升高了 0.6 摄氏度，最暖的 13 个年份均出现在 1983 年以后。20 世纪 80 年代，全球每年受灾害影响的人数平均为 1.47 亿，而到了 20 世纪 90 年代，这一数字上升到 2.11 亿。目前，世界上约有 40% 的人口严重缺水，如果这一趋势得不到遏制，在 30 年内，全球 55% 以上的人口将面临水荒。自然环境的恶化也严重威胁着地球上的野生物种。如今，全球 12% 的鸟类和 1/4 的哺乳动物濒临灭绝，而过度捕捞已导致 1/3 的鱼类资源枯竭。

5. 地球的卫星

月球俗称"月亮"。在太阳系中，月球是地球唯一的天然卫星。除水星和金星外，其他行星里面都有天然卫星。

月球的年龄大约有 46 亿年。它有壳、幔、核等分层结构。最外层的月壳平均厚度约为 60 ~ 65 千米。月壳下面到 1 000 千米深度为月幔，占月球的大部分体积。月幔下面是月核，温度约为 1 000°，呈熔融状态。月球的直径约 3 476 千米，是地球直径的 1/4；体积约为地球的 1/49；质量约 7 350 亿亿吨，相当于地球质量的 1/81；月球表面的重力差不多是地球重力的 1/6。

月球表面有阴暗的部分和明亮的区域。早期的天文学家在观察月球时，以为发暗的地区都有海水覆盖，因此把它们称为"大海"。著名的有云海、湿海、静海等。而明亮的部分是山脉，那里层峦叠嶂，山脉纵横，到处都是星罗棋布的环形山。位于南极附近的贝利环形山直径 295 千米，可以把整个海南岛装进去。最深的环形山是牛顿环形山，深达 8 788 米。除了环形山，月面上也有普通的山脉。月球上高山和深谷叠现，别有一番风光。

月球的正面永远都是向着地球。另外，除了在月面边沿附近区域的中间可见以外，月球的背面绝大部分不能从地球看见。在没有探测器的年代，月球的背面一直是个未知的世界。月球背面的一大特色是几乎没有月海这种较暗的月面特征。而当人造探测器运行至月球背面时，它将无法与地球直接通信。

月球地表

与其他卫星不同，月球的轨道平面较接近黄道面，而不是在地球的赤道面附近。

相对于背景星空，月球围绕地球运行（月球公转）一周所需时间称为一个"恒星月"；而新月与下一个新月（或两个相同月相之间）所需的时间称为一个"朔望月"。朔望月较恒星月长是因为地球在月球运行期间，本身也在绕日的轨道上前进了一段距离。

　　因为月球的自转周期和它的公转周期是完全一样的，地球上只能看见月球永远用同一面向着地球。自月球形成早期，地球便一直受到一个力矩的影响引致自转速度减慢，这个过程称为"潮汐锁定"。因此，部分地球自转的角动量转变为月球绕地公转的角动量时，会导致月球以每年约 38 毫米的速度远离地球。同时地球的自转越来越慢，一天的长度每年变长 15 微秒。

　　月球对地球所施的引力是潮汐现象的起因之一。月球围绕地球的轨道为同步轨道。由于月球轨道为椭圆形，当月球处于近日点时，它的自转速度便追不上公转速度；相反，当月球处于远日点时，自转速度比公转速度快，这种现象被称为"经天平动"。

月　球

　　严格来说，地球与月球围绕共同质心运转，共同质心距地心 4 700 千米（即地球半径的 2/3 处）。由于共同质心在地球表面以下，地球围绕共同质心的运动好像是在"晃动"一般。从地球北极上空观看，地球和月球均以迎时针方向自转，而且月球也是以迎时针绕地运行，甚至地球也是以迎时针绕日公转的。

　　月球的公转轨道平面（白道面）与地球的公转轨道平面（黄道面）保持着

5. 145 396°的夹角，而月球自转轴则与黄道面的法线成 1. 542 4°的夹角。因为地球并非完美球形，而是在赤道较为隆起，因此白道面在不断进动（即与黄道的交点在顺时针转动），每 6 793. 5 天完成一周。月球的轨道变化又会反过来影响地球自转轴的倾角，使它出现 ±0. 002 56°的摆动，这就是所谓的"章动"现象。

月球的白道面与黄道面的两个交点叫做"月交点"。其中，升交点是指月球通过该点往黄道面以北；降交点则指月球通过该点往黄道面以南。当新月刚好在月交点上时，便会发生日食；而当满月刚好在月交点上时，便会发生月食。

月球背面的结构和正面差异较大。月海所占面积较少，而环形山则较多。地形凹凸不平，起伏悬殊最长和最短的月球半径都位于背面，有的地方比月球平均半径长 4 千米，有的地方则短 5 公里。背面的月壳比正面厚，最厚处达 150 千米，而正面月壳厚度只有 60 千米左右。

月球本身并不发光，只反射太阳光。月球亮度随日、月间角距离和地、月间距离的改变而变化。平均亮度为太阳亮度的 1/465 000，亮度变化幅度从 1/630 000 至 1/375 000。满月时的亮度相当于 100 瓦电灯在距离 21 米处的亮度。月面不是一个良好的反光体，它的平均反照率只有 7%，其余 93% 均被月球吸收。月海的反照率更低，约为 6%。月面高地和环形山的反照率为 17%，看上去山地比月海明亮。

由于月球上没有大气，再加上月面物质的热容量和导热率又很低，因而月球表面昼夜的温差很大。白天，在阳光垂直照射的地方温度高达 +127℃；夜晚，温度可降低到 -183℃。这些数值，只表示月球表面的温度。用射电观测可以测定月面土壤中的温度，这种测量表明，月面土壤中较深处的温度很少变化，这正是由于月面物质导热率低造成的。

第二节　千姿百态——地形地貌

地形是指地势高低起伏的变化，也就是地表的形态，如山脉、丘陵、河流、湖泊、海滨、沼泽等。地貌是地表形态的变化现象，而地貌学则是研究地形成因的科学。

地 形

1. 大 陆

　　大陆是指地球上面积广大的陆地，地球上有六块较大的陆地，它们是欧亚大陆、非洲大陆、北美大陆、南美大陆、澳大利亚大陆和南极洲大陆。其中，欧亚大陆面积最大，包括欧洲和亚洲两个大洲；澳大利亚大陆最小；北美大陆和南美大陆是连在一起的，中间仅隔一条巴拿马运河。全球陆地还包括六大大陆板块周围分布的许多岛屿，大陆与它周围的岛屿合起来称为"洲"。

　　大陆的地貌比较复杂，有高原、山脉、平原、河流、盆地、沙漠及丘陵等地形。现在的科学研究认为，在太古时代地球上的陆地是一个整体，是连在一起的，后来，经过漫长年代的地质运动，才形成今天六大板块陆地的样子，而且时至今日，这些板块陆地还在不断地运动。

2. 大　洲

通常意义上的大洲是指地球上大陆和它附近岛屿的总称。全球共划分成七个大洲，它们相互组合，巧妙搭配，共同组建了地球上的陆地。按照面积大小，大洲依次划分为亚洲、非洲、北美洲、南美洲、南极洲、欧洲和大洋洲。这七大洲的总面积为14 935万千米。其中，亚洲最大，面积为4 400万平方千米；大洋洲最小，面积为900万平方千米。

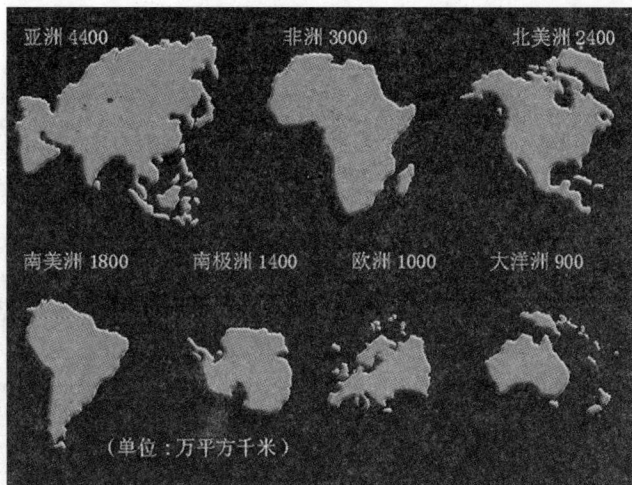

地球上的七大洲

百科小知识

各大洲的命名和含义

亚洲是亚细亚洲的简称，意为"东方日出的地方"；欧洲是欧罗巴洲的简称，意为"西方日落的地方"；非洲是阿非利加洲的简称，意为"阳光灼热的大地"；美洲是亚美利加洲的简称，又称"新大陆"，以意大利航海家亚美利哥的名字命名，1914年，巴拿马运河开通，人们就以运河为界，分美洲为北美洲和南美洲。大洋洲，意为"大洋中的陆地"；南极洲，因位于南极地区而得名。

亚 洲

　　亚洲是世界七大洲中面积最大的一个洲，面积为 4 400 万平方千米，覆盖了地球总面积的 8.6%，绝大部分土地位于东半球和北半球。它也是世界上跨纬度最广、东西距离最长、人口最多的一个洲。

亚洲风光

　　截至 2007 年，亚洲人口总数约为 35 亿多，占世界总人口的 60.5%。其中，人口 1 亿以上的国家有中国、印度、印度尼西亚、日本、孟加拉国和巴基斯坦。城市人口约占全洲人口的 18%。人口分布以中国东部、日本太平洋沿岸、爪哇岛、恒河流域、印度半岛南部等地最密集，每平方千米达 300 人以上。亚洲人口最多的国家是中国，其次是印度。新加坡平均每平方千米可达 4 400 多人，是亚洲人口密度最大的国家。人口密度最小的国家是蒙古，平均每平方千米仅有 1 人多；沙特阿拉伯、阿曼等国家平均每平方千米为 5~7 人。亚洲的种族、民族构成非常复杂，尤以南亚为甚。黄种人（又称"蒙古利亚人种"）为主要人种，其余为白种人、棕色人及人种的混合类型。

亚洲大小民族、种族共有约 1 000 个，约占世界民族、种族总数的一半。其中有十几亿人口的汉族，也有人数仅几百的民族或部族。

亚洲跨越经纬度很广，东西时差达 11 小时。它亚洲地跨寒、温、热三带，气候基本特征是大陆性气候强烈、季风性气候典型、气候类型复杂。在地理上习惯将亚洲分为东亚、东南亚、南亚、西亚、中亚和北亚。

海洋方面，亚洲东面是太平洋，北面是北冰洋，南面则濒临印度洋，西临大西洋；陆路方面，亚洲西以乌拉尔山脉、乌拉尔河、里海、大高加索山脉、黑海、土耳其的博斯普鲁斯海峡和达达尼尔海峡与欧洲分界，西南隔亚丁湾、曼德海峡、红海与非洲相邻，东北隔白令海峡与北美洲相望。

亚洲地理之最

喜马拉雅山脉是世界最高大的山脉，仅海拔超过 7 000 米的山峰就有 50 多座。

珠穆朗玛峰是喜马拉雅山脉主峰，为世界最高峰，海拔8 844.43米

青藏高原是世界最高的大高原，平均海拔 4 500 米以上，有"世界屋脊"之称。

喜马拉雅山脉

西西伯利亚平原是亚洲最大的平原，面积 260 万平方千米。

里海是世界最大的湖泊或咸水湖，面积约 37 万平方千米。

贝加尔湖是世界最深和蓄水量最大的淡水湖，最深处达 1 620 米，蓄水量达 2.3 万立方千米。

死海是世界陆地最低点，湖面低于海平面 400 米。由于湖水含盐量过大，湖水中除细菌外，其他生物不能生存。

阿拉伯半岛是世界最大的半岛，面积约 300 万平方千米。

马来群岛是世界最大的群岛，散布在太平洋与印度洋之间的广阔海域，包括

岛屿 2 万多个，面积 243 万平方千米。

百科小知识

亚洲的名字由来

亚洲的名字最为古老，全称是"亚细亚洲"，意为"太阳升起的地方"。它的英文名为"Asia"。

相传"亚细亚"的名称是由古代腓尼基人所起。频繁的海上活动，要求腓尼基人必须确定方位。所以，他们把爱琴海以东的地区泛称为"Asu"，意即"日出地"；而把爱琴海以西的地方则泛称为"Ereb"，意为"日没地"。"Asia"一词是由腓尼基语"Asu"演化来的。公元前 1 世纪，"Asia"已成为罗马帝国的一个行政省的名称，以后才逐渐扩大，包括现今整个亚洲地区，成为一个世界最大的洲名。

欧 洲

欧洲的面积为 1 016 万平方千米，共有 45 个国家和地区。它西临大西洋，北靠北冰洋，南隔地中海和直布罗陀海峡与非洲大陆相望，东与亚洲大陆相连。

欧洲人口约为 7.28 亿人，约占世界总人口的 12.5%，是人口密度最大的一个洲。

整个欧洲地势的平均高度为 330 米，地形以平原为主，南部耸立着一系列山脉，总称"阿尔卑斯山系"。其中，勃朗峰位于法国境内，海拔 4 807 米，为西欧第一高峰。

欧洲的河网稠密，水量丰沛。最长

阿尔卑斯山

的河流是伏尔加河，长3 690千米，第二大河是多瑙河，全长2 850千米，是世界上流经国家最多的河。

欧洲是有常住人口各洲中唯一没有热带气候的一洲，同时寒带气候所占的面积也不大，所以气候温和，降水分布较均。大部分为温带海洋性气候，也有地中海气候、温带大陆性气候、极地气候和高原山地气候等气候。其中温带海洋性气候最为典型。

在地理上，欧洲习惯分为南欧、西欧、中欧、北欧和东欧5个地区。南欧是指阿尔卑斯山以南的巴尔干半岛、亚平宁半岛、伊比利亚半岛和附近岛屿，包括希腊、意大利、西班牙和葡萄牙等国；西欧是指欧洲西部濒大西洋地区和附近岛屿，包括英国、荷兰、比利时和法国等国；中欧指波罗的海以南、阿尔卑斯山脉以北的欧洲中部地区，包括捷克、匈牙利、德国、奥地利和瑞士等国；北欧是指欧洲北部的日德兰半岛、斯堪的纳维亚半岛一带，包括冰岛、法罗群岛（丹）、丹麦、挪威、瑞典和芬兰；东欧指欧洲东部地区，在地理上是指爱沙尼亚、拉脱维亚、立陶宛、白俄罗斯、乌克兰、摩尔多瓦和俄罗斯西部。

百科小知识

欧元区国家

欧元是欧洲货币联盟国家单一货币的名称。世界上把欧盟中使用欧元作为货币的16个国家称为"欧元区国家"。这16个国家是：奥地利、比利时、芬兰、法国、德国、希腊、爱尔兰、意大利、卢森堡、荷兰、葡萄牙、斯洛文尼亚、西班牙、马耳他、塞浦路斯和斯洛伐克。

欧 元

非　洲

　　非洲位于亚洲的西南面，东濒印度洋，西临大西洋，北隔地中海与欧洲相望，东北角以苏伊士运河与亚洲为界。大陆东至哈丰角，南至厄加勒斯角，西至佛得角，北部至吉兰角。

　　非洲的面积约为 3 020 万平方千米（包括附近岛屿），南北约长 8 000 千米，东西约长 7 403 千米。它的面积约占世界陆地总面积的 20.2%，为世界第二大洲。

　　非洲的沙漠面积约占全洲面积的 1/3，为沙漠面积最大的洲。其中，撒哈拉沙漠是世界上最大的沙漠。非洲东部还有世界上最大的裂谷带。除了沙漠，非洲也有郁郁葱葱的森林和一望无际的大草原。

撒哈拉沙漠

　　在非洲，海岸外与大陆相关的岛屿很多，其中最重要的是世界第四大岛马达加斯加岛。其他小一些的岛屿有东部的塞舌尔群岛、索科特拉岛和一些其他岛屿；东南部有科摩罗、毛里求斯、留尼旺和一些其他岛屿；西南部有亚森欣、圣赫勒拿岛和特里斯坦－达库尼亚群岛；西部有维德角、比热戈斯群岛、比奥科和圣多美与普林西比岛；西北部则有亚速群岛、马德拉群岛和加那利群岛。

非洲大陆几乎被赤道一切为二，因而非洲的大部分领土都位于热带地区之内，北临北回归线，南临南回归线。由于非洲西部呈大块突出状，所以非洲的大部分土地都位于赤道北部。

2009年，非洲的人口数量已经达到了10亿，约占世界总人口的15%。城市人口约占全洲人口的26%，预计到2050年将达20亿人。非洲的人口分布以尼罗河中下游河谷、西北非沿海、几内亚湾北部沿岸、东非高原和沿海、马达加斯加岛的东部、南非的东南部比较密集，广大的撒哈拉沙漠地区的人口分布平均每平方千米不到1人，是世界人口最稀少的地区之一。

非洲沿海岛屿不多，大多面积很小，岛屿的面积只占全洲面积的2%。大陆北宽南窄，像一个不等边的三角形，海岸平直，少海湾和半岛。全境为高原型大陆，平均海拔750米。大致以刚果河河口至埃塞俄比亚高原北部边缘为界，东南半部多海拔1 000米以上的高原，称"高非洲"；西北半部大多在海拔500米以下，称"低非洲"。

非洲较高大的山多分布在沿海的高原地带：西北沿海有阿特拉斯山脉，东部有肯尼亚山和乞力马扎罗山，南部有德拉肯斯山脉。乞力马扎罗山是一座活火山，海拔5 895米，为非洲最高峰。非洲东部的大裂谷是世界上最长的裂谷

乞力马扎罗山

带，南起希雷河口，北至西亚的死海北部，长约6 400千米。裂谷中有不少狭长

的湖泊，水深岸陡，埃塞俄比亚高原东侧的阿萨勒湖湖面在海平面以下 153 米，是非洲大陆的最低点，非洲的大河流受到地质构造和其他自然因素的影响，水系较复杂，多急流、瀑布。按照长度划分，非洲的大河依次排列为尼罗河（全长 6 671 千米，是世界上最长河流）、刚果河、尼日尔河、赞比西河、乌班吉河、开赛河、奥兰治河等。湖泊多分布在东非大裂谷带，按面积大小依次为维多利亚湖、坦噶尼喀湖、马拉维湖、乍得湖等。

百 科 小 知 识

非洲的名字之说

非洲的全称是"阿非利加"。对于"Africa"（非洲）一词的由来，流传着不少有趣的传说。

一种传说是，古时也有位名叫"Africus"的酋长，于公元前 2000 年侵入北非，在那里建立了一座名叫"Afrikya"的城市，后来人们便把这大片地方叫做"阿非利加"。

另一种传说是，"阿非利加"是居住在北非的柏柏尔人崇信的一位女神的名字。据说，早在公元前 1 世纪，柏柏尔人曾在一座庙里发现了守护女神阿非利加的塑像，她是个身披象皮的年轻女子。此后，人们便以女神的名字"阿非利加"作为非洲大陆的名称。

还有一种说法是，"Africa"一词来源于拉丁文的"aprica"，意思是"阳光灼热"的地方，与地中海北岸希腊、罗马相比，北非地区的阳光的确要灼热得多。

不过在古罗马人通过三次布匿战争打败迦太基人以后，不断扩张，建立了阿非利加行省，这个名字的含义才不断地扩大。最初这个名称只限于非洲大陆的北部地区。到了公元 2 世纪，罗马帝国在非洲的疆域扩大到从直布罗陀海峡到埃及的整个东北部的广大地区，人们把居住在这里的罗马人或是本地人统统叫"阿非利干"（African），意为"阿非利加人"。这片地方也被叫做"阿非利加"，以后又泛指非洲大陆。

3．岛　屿

岛屿是指散布在海洋、湖泊、河流中的四面环水、高潮时露出水面、自然形成的陆地区域。人们把狭小地域集中 2 个以上的岛屿，称为"岛屿群"；把比大陆面积小并完全被水包围的陆地，可出现在海洋、湖泊或江河里成群的岛屿叫做"群岛"或"诸岛"；把列状排列的群岛称为"列岛"。如果一个国家的整个国土都座落在一个或数个岛之上，人们则把这个国家称为"岛屿国家"，简称"岛国"。

岛　屿

海洋中的岛屿面积大小不一，小的不足 1 平方公里，称为"屿"；大的达几百万平方公里，称为"岛"。按岛屿的数量及分布特点分为孤立的岛屿和彼此相距很近、成群的岛屿（群岛）。按岛屿成因可分为大陆岛、海洋岛或火山岛、珊瑚岛和冲积岛。

大陆岛是一种由大陆向海洋延伸露出水面的岛屿，世界上较大的岛都属于大陆岛，如格陵兰岛（世界上最大的岛屿），我国的台湾岛、海南岛。海洋岛是指那些从海洋盆地底部升高到海面的岛，包括火山岛和珊瑚岛。火山爆发岩浆冷却后逐渐堆积，直至露出水面而形成的。夏威夷岛就是由一系列火山喷发而形成的火山岛。珊瑚岛是由热带、亚热带海洋中的珊瑚虫残骸及其他壳体动物残骸堆积而成的，它们主要集中于南太平洋和印度洋中。热带浅海一般都有珊瑚的堆积，我国南海中的西沙群岛、南沙群岛的许多岛屿就是珊瑚岛。冲积岛是由河口地带和滨海沙岸地带流水携带的泥沙、砾石冲击而形成的岛屿。世界上最大的冲击岛是位于亚马逊河河口的马拉若岛。

岛　屿

全球的岛屿总数达 5 万个以上，总面积约为 997 万平方千米，约占全球陆地总面积的 1/15。从地理分布情况看，世界七大洲都有岛屿，其中北美洲岛屿面积最大，共有 410 万平方千米，占北美洲面积的 20.37%；南极洲岛屿面积最小，只有 7 万平方千米，只占南极洲面积的 0.5%。南美洲最大的岛是位于南美大陆最南端的火地岛，为阿根廷和智利两国所有，面积有 48 400 平方千米。南极洲最大的岛屿是位于别林斯高晋海域的亚历山大岛，面积 43 200 平方千米。世界上最大的岛屿是格陵兰岛，面积达 217.56 万平方千米。世界上最大的群岛是马来群岛，它位于亚洲东南部太平洋与印度洋之间辽阔的海域上，由苏门答腊岛、加里曼丹岛、爪哇岛、菲律宾群岛等 2 万多个岛屿组成，沿赤道延伸 6 100 千米，东西宽 4 500 千米，南北最大宽度 3 500 千米，总面积约 243 万平方千米，约占世界岛屿面积的 20%。马来群岛上山岭多，地形崎岖；地壳不稳定，常有地震火山爆发；海峡较多，是东南亚到世界各地的重要通道。

世界上的主要群岛

世界上主要的群岛有 50 多个，分布在四个大洋中。太平洋海域中群岛最多，有 19 个；大西洋有 17 个；印度洋有 9 个；北冰洋海域中有 5 个。

除马来群岛外，世界上较大的群岛有：位于北美洲北部的北冰洋海域的加拿大北极群岛，面积 130 万平方千米；位于太平洋西部海域的日本列岛，面积 37.75 万平方千米；位于大西洋东北部的不列颠岛，面积 32.5 万平方千米；位于太平洋西南部的菲律宾群岛，面积 29.97 万平方千米；位于大西洋西北部的西印度群岛，面积 24 万平方千米。

世界上最小的群岛是位于南太平洋萨摩亚群岛北部的托克劳群岛。它由 3 个珊瑚环礁组成，面积仅有 10 平方千米，可以称得上是"袖珍群岛"。

百科小知识

世界 10 大岛屿

（1）北美洲的格陵兰岛，面积为 217.5 万平方千米。

（2）大洋洲的伊利安岛（又称"新几内亚岛"），面积为 78.5 万平方千米。

（3）亚洲的加里曼丹岛，面积为 73.4 万平方千米。

（4）非洲的马达加斯加岛，面积为 59.5 万平方千米。

（5）北美洲的巴芬岛，面积为 50.7 万平方千米。

（6）亚洲的苏门答腊岛，面积为 43.4 万平方千米。

（7）欧洲的大不列颠岛，面积为 23 万平方千米。

（8）亚洲的本州岛，面积为 22.7 万平方千米。

（9）北美洲的维多利亚岛，面积为 21.5 万平方千米。

（10）北美洲的埃尔斯米尔岛，面积为 20 万平方千米。

4. 山　脉

　　山脉是沿一定方向延伸，包括若干条山岭和山谷组成的山体，因像脉状而称之为"山脉"。

　　山脉主要是由于地壳运动中的内营力作用而形成，有明显的褶皱，从而区别于山地，山地是在一定的力的作用下形成，褶皱现象不明显。构成山脉主体的山岭称为"主脉"，从主脉延伸出去的山岭称为"支脉"。几个相邻山脉可以组成一个山系，如喜马拉雅山系包括柴斯克山脉、拉达克山脉、西瓦利克山脉和大、小喜马拉雅山脉。世界上著名的山脉主要有亚洲的喜马拉雅山脉、欧洲的阿尔卑斯山脉、北美洲的落基山脉、南美洲的安第斯山脉等。喜马拉雅山脉为世界上最大的山脉，它的主峰珠穆朗玛峰海拔 8 844.43 米，为世界上最高的山峰。落基山脉长 7 000 ~ 8 000 千米，它的支脉与南美洲的安第斯山脉相连，全长 1.7 万千米，构成世界上最长的山系——科迪勒拉山系。

喜马拉雅山

百科小知识

山脉之最

平均海拔最高的山脉——喜马拉雅山脉，高达6 000 米。

陆地上最长的山脉——安第斯山脉，长达7 000 千米。

海底最长的山脉——中洋脊，长达8 万千米。

5. 平　原

陆地上海拔相对比较小的地区称为"平原"。平原是陆地上最平坦的地，海拔一般在 200 米以下。平原地貌宽广平坦，起伏较小，它以较小的起伏区别于丘陵，以较小的高度区别于高原。

平　原

平原的类型很多，按照成因，平原可分为构造平原、侵蚀平原和堆积平原。堆积平原是在地壳下降运动速度较小的过程中，沉积物补偿性堆积形成的平原。其中，洪积平原、冲积平原和海积平原都属于堆积平原，如我国的长江中下游平原就是冲积平原。侵蚀平原也叫"剥蚀平原"，设在地壳长期稳定的情况下，风化物因重力、流水的作用而使地表逐渐被剥蚀，最后形成石质平原。侵蚀平原一般呈现起伏状，如我国江苏徐州一带的平原。构造平原是因地壳抬升或海平面下降而形成的平原，如俄罗斯平原。

世界平原总面积约占全球陆地总面积的 1/4，平原不但宽广，而且土地肥沃，水网密布，交通发达，是经济文化发展较早、较快的地方，我国的长江中下游平原就有"鱼米之乡"的美誉。另外一些重要的矿产资源如石油、煤等也富集在平原地带。

长江中下游平原

长江中下游平原是指我国长江三峡以东的中下游沿岸带状平原。它北接淮阳丘陵和黄淮平原，南界江南丘陵及浙闽丘陵。

长江中下游平原是中国三大平原之一。它位于湖北宜昌以东的长江中下游沿岸，由江汉平原、洞庭湖平原、鄱阳湖平原、苏皖沿江平原、皖中平原和长江三角洲平原组成，面积约 20 多万平方公里。

长江中下游平原由长江及支流冲积而成，地势低平，海拔大多在 50 米左右。中游平原包括江汉平原、洞庭湖平原和鄱阳湖平原；下游平原包括苏皖沿江平原和皖中平原以及江苏、浙江、上海间的长江三角洲平原。其中，长江三角洲平原地面高度均在 10 米以下。

长江中下游平原河汊纵横交错，湖荡星罗棋布。它拥有湖泊面积 2 万平方千米，相当于平原面积的 10%。江汉平原与洞庭湖平原合称"两湖平

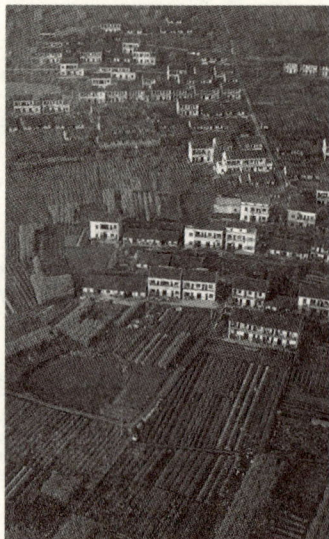

长江中下游平原

原"，两湖平原上较大的湖泊有1 300多个，包括小湖泊共计1万多个，面积1.2万多平方千米，占两湖平原面积的20%以上，是中国湖泊最多的地方。著名的洞庭湖、鄱阳湖、太湖、高邮湖、巢湖、洪泽湖等大淡水湖都分布在这一狭长地带，享有"水乡泽国"之称。这里盛产鱼、虾、蟹、菱、莲、苇，还有中华鲟、扬子鳄、白鳍豚等世界珍稀动物。

长江中下游平原气候温和，属于北亚热带和中亚热带气候。年均温14℃~18℃，最冷月均温0℃~5.5℃，绝对最低气温-10℃~-20℃，最热月均温27℃~28℃，无霜期240~280天；年降水量1 000~1 400毫米，集中于春、夏两季；地带性土壤仅见于低丘缓冈，主要是黄棕壤或黄褐土，南缘为红壤，平原大部为水稻土。

长江中下游平原的农业比较发达，土地垦殖指数高，是重要的粮、棉、油生产基地。这里盛产稻米、小麦、棉花、油菜、桑蚕、苎麻、黄麻等，粮棉和水产在全国占重要地位，素称"鱼米之乡"。

俄罗斯平原

俄罗斯平原位于欧洲东部，北起白海和巴伦支海，南抵黑海、亚速海、里海和高加索山，西界为斯堪的纳维亚山脉、中欧山地和喀尔巴阡山脉，东接乌拉尔山脉。

俄罗斯平原又称"东欧平原"，是世界最大的平原之一。它北起北冰洋，南到黑海、里海之滨，东起乌拉尔山脉，西达波罗的海。面积约为400万平方千米，平均海拔170米，主要河流有伏尔加河、顿河和第聂伯河。

俄罗斯平原的丘陵地带有海拔300~400米的瓦尔代

东欧平原

丘陵、中俄罗斯丘陵、伏尔加河沿岸丘陵等，并有
低于洋面的里海低地；自北向南，还有苔原、森
林、森林草原和草原带；里海北岸为半荒漠和
荒漠。

俄罗斯平原拥有丰富的矿藏。这里有世界著名
的顿巴斯煤田、库尔斯克和克里沃罗格铁矿区、尼
科波尔锰矿区、第二巴库油田。俄罗斯东欧部分以
及爱沙尼亚、拉脱维亚、立陶宛、白俄罗斯、乌克
兰等国都分布在这片波状平原上。

由于地形波浪起伏，面积广大，各地的气候并
不相同，动植物分布的差异也很大。从北向南，依
次是严寒的苔原带、比较寒冷的森林带、气候适中的森林草原带、最南边的草原
带。其中森林带占了平原总面积的一半以上。

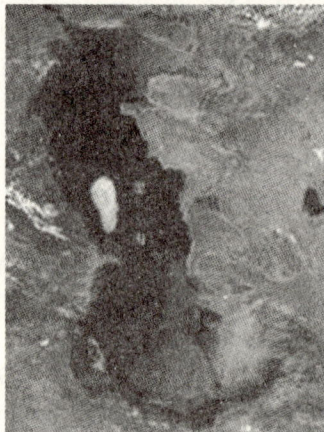

里海的卫星照片

俄罗斯森林

俄罗斯平原不仅有丰富的煤、铁、石油、锰等矿藏资源，而且人口稠密、工
农业和水陆交通发达，以莫斯科为中心，分布着很多重要工矿区，是俄罗斯的心
脏部分。

百科小知识

世界上最大的内陆河——伏尔加河

伏尔加河是俄罗斯人的"母亲河",也是世界上最大的内陆河。它发源于俄罗斯平原西部的瓦尔代丘陵中的湖沼间,全长3 690千米,最后注入里海。

伏尔加河的流域面积达138万平方千米,占东欧平原总面积的1/3,是欧洲第一长河。

伏尔加河的中北部地区是俄罗斯民族和文化的发祥地。千百年来,伏尔加河水滋润着沿岸数百万公顷肥沃的土地,养育着数千万俄罗斯人。

伏尔加河流域冬季寒冷漫长,积雪深厚;河面封冻,上游冰期长达140天,中下游在90~100天左右。夏季,大量的积雪融水流入伏尔加河,这些水源对里海湖水的水量平衡,起着重要的调节作用。

6. 高 原

高原一般是指海拔高度在1 000米以上、面积广大、地形开阔、周边以明显的陡坡为界、比较完整的大面积隆起地区。高原与平原的主要区别是高原海拔较高,它以完整的大面积隆起区别于山地。

高原最本质的特征是:地势相对高差低而海拔相当高。高原分布甚广,连同所包围的盆地一起,大约共占地球陆地面积的45%。

高原素有"大地的舞台"之称,它是在长期连续的大面积的地壳抬升运动中形成的。有的高原表面宽广平坦、地势起伏不大,如内蒙古高原;有的高原则山峦起伏、地势变化很大,如青藏高原、云贵高原;有的高原地表破碎、丘陵绵延,如黄土高原。

我国的青藏高原是世界最高的高原,平均海拔在4 000米以上,有"世界屋脊"之称；世界上面积最大的高原为南极冰雪高原；其他著名的高原有南美洲的巴西高原、印度半岛的德干高原、亚洲西部的伊朗高原、阿拉伯高原和非洲的埃塞俄比亚高原等。

内蒙古高原

我国的高原面积约为 260 万平方千米，主要有青藏高原、内蒙古高原、黄土高原和云贵高原等四大高原。另外，还包括帕米尔高原的一部分。

青藏高原

青藏高原是世界平均海拔最高的高原。它的大部分位于中国西南部，包括西藏自治区和青海省的全部、四川省西部、新疆维吾尔自治区南部以及甘肃、云南的一部分。整个青藏高原还包括不丹、尼泊尔、印度、巴基斯坦、阿富汗、塔吉克斯坦、吉尔吉斯斯坦的部分，总面积 250 万平方千米。

青藏高原

　　青藏高原是亚洲许多大河的发源地，平均海拔为 4 000 ~ 5 000 米，有"世界屋脊"和"第三极"之称。

　　青藏高原周围大山环绕，南有喜马拉雅山，北有昆仑山和祁连山，西为喀喇昆仑山，东为横断山脉。高原内还有唐古拉山、冈底斯山、念青唐古拉山等。这些山脉海拔大多超过 6 000 米，喜马拉雅山不少山峰超过 8 000 米。这些山脉主要是东西走向和西北—东南走向。高原内部被山脉分隔成许多盆地、宽谷。所以说，"高"是青藏高原地形上的一个最主要的特征。

　　青藏高原在地形上的另一个重要特色就是湖泊众多。这些湖泊主要靠周围高山冰雪融水补给。著名的青海湖位于青海省境内，面积为 4 456 平方千米，属于断层陷落湖；它高出海平面 3 175 米，最大湖深达 38 米，是中国最大的咸水湖。西藏自治区境内的纳木错，面积约 2 000 平方千米，高出海平面 4 650 米，是世界上最高的大湖。这些湖泊大多是内陆咸水湖，盛产食盐、硼砂、芒硝等矿物，很多湖还盛产鱼类。在湖泊周围、山间盆地和向阳缓坡地带分布着大片翠绿的草地，所以这里是仅次于内蒙古、新疆的重要牧区。

　　青藏高原还是亚洲许多大河的发源地，长江、黄河、澜沧江（下游为湄公

青藏高原的湖泊

河）、怒江（下游为萨尔温江）、森格藏布河（又称"狮泉河"，下游为印度河）、雅鲁藏布江（下游为布拉马普得拉河）以及塔里木河等都发源于此，水力资源十分丰富。

黄土高原

世界上最大的黄土高原位于中国北方地区与西北地区的交界处，包括太行山以西、秦岭以北、乌鞘岭以东、长城以南的广大地区，横跨山西、陕西、甘肃、青海、宁夏及河南等省区，面积约为 40 万平方千米，占世界黄土分布的 70%。

黄土高原是世界最大的黄土堆积区，海拔 1 500 ~ 2 000 米。在黄土高原上，除少数石质山地外，还覆盖着深厚的黄土层，厚度在 50~80 米，最厚处达 150~180 米。在这片土地上，黄土颗粒细，土质松软，含有丰富的矿物质养分，有利于农业耕作。

黄土高原的盆地和河谷农垦历史悠久，是中国古代文化的摇篮。但由于缺乏植被保护，加以夏雨集中，且多暴雨，在长期流水侵蚀下地面被分割得非常破碎，形成沟壑交错其间的塬、墚、峁。

黄土高原

黄土高原地带属于温带大陆性气候。气温年较差、日较差大，降水稀少；温带季风气候；夏季高温多雨，冬季寒冷干燥。

黄土高原矿产丰富，煤、石油、铝土储量大。黄土高原拥有极为丰富的煤炭资源，其储量和产量均居全国第一。煤炭资源不仅量大质优，还有较好的开采条件。其中，可供露天开采的煤矿储量达200亿吨。全国探明储量的特大型煤田，约有一半分布在这里。

关于黄土的来源，长期以来，人们一直有着不同的争论。

"风成说"认为，黄土来自北部和西北部的甘肃、宁夏和蒙古高原以至中亚等广大干旱沙漠区。这些地区的岩石，白天受热膨胀，夜晚冷却收缩，逐渐被风化成大小不等的石块、沙子和粘土。同时，每逢西北风盛行的冬春季节，这些地区就出现狂风骤起、飞沙走石、尘土蔽日等现象。粗大的石块残留在原地成为戈壁；较细的沙粒落在附近地区，聚成片片沙漠；细小的粉沙和粘土，纷纷向东南飞扬，当风力减弱或迁秦岭山地的阻拦便停积下来，经过几十万年的堆积就形成了浩瀚的黄土高原。

黄河流过黄土高原

"板块学说"认为，黄土高原的形成是因为青藏高原的隆升加快了侵蚀和风化的速度，在高原周围的低洼地区堆积了大量卵石、沙子和更细的颗粒。每当大风骤起，西部地区便形成飞沙走石、尘土弥漫的景象，被卷起的沙和尘土依次沉降，颗粒细小的粉尘最后降落到黄土高原区域，形成了一条荒凉地带。加之，东西走向的喜马拉雅山挡住了印度洋暖湿气团的向北移动，久而久之，中国的西北部地区越来越干旱，渐渐形成了大面积的沙漠和戈壁，这里就是堆积起了黄土高原的那些沙尘的发源地。

7. 丘　陵

丘陵是一种介于山地与平原之间的过渡类型地貌。它是指地势起伏不平，连接成大片的小山。一般的丘陵海拔在 200 米以上、500 米以下，相对高度不超过 200 米，它起伏不大，坡度较缓，由连绵不断的低矮山丘组成的地形。

丘　陵

丘陵一般没有明显的脉络，顶部浑圆，是山地久经侵蚀的产物。人们习惯上把山地、丘陵和崎岖的高原称为"山区"。

在世界范围内，按照不同岩性的组成，丘陵可分为花岗岩丘陵、火山岩丘陵、各种沉积岩丘陵，如红土丘陵、黄土梁峁丘陵等；按照不同的形成原因，丘陵又可以分为构造丘陵、剥蚀—夷平丘陵、火山丘陵、风成沙丘丘陵、荒漠丘陵、岩溶丘陵及冻土丘陵等；按照不同的分布位置，丘陵可分为山间丘陵、山前丘陵、平原丘陵、大洋底的海洋丘陵等。

丘陵地区，尤其是靠近山地与平原之间的丘陵地区，往往由于山前地下水与地表水由山地供给而水量丰富，自古就是人类依山傍水，防洪、农耕的重要栖息之地，也是果树林带丰产之地。因其风景别致，可辟为旅游胜地。

丘陵在陆地上的分布很广，一般分布在山地或高原与平原的过渡地带，在欧亚大陆和南北美洲，都有大片的丘陵地带。

丘陵地区降水量较充沛，适合各种经济树木和果树的栽培生长，对发展多种经济十分有利。

我国的丘陵

我国的丘陵约有 100 万平方千米，占全球总面积的 1/10。自北向南主要有辽西丘陵、淮阳丘陵和江南丘陵等。黄土高原上有黄土丘陵，长江中下游河段以南有江南丘陵，辽东半岛、山东半岛上的丘陵分布也很广。

在我国，云贵高原以东、长江以南的东南地区，丘陵地貌分布最广泛、最集中，统称"东南丘陵"。其中，位于长江以南、南岭以北的称为"江南丘陵"；南岭以南、两广境内的称为"两广丘陵"；武夷山以东、浙闽两省境内的称为"浙闽丘陵"。东南丘陵地处亚热带，降水充沛，热量丰富，是我国林、农、矿产资源开发、利用潜力很大的山区。

东南丘陵

东南丘陵是北至长江，南至两广，东至大海，西至云贵高原的大片低山和丘陵的总称。它包括安徽省、江苏省、江西省、浙江省、湖南省、福建省、广东省、广西壮族自治区的部分或全部。

东南丘陵的海拔多在 200~600 米，其中主要的山峰海拔超过 1 500 米。丘陵多呈东北—西南走向，丘陵与低山之间多数有河谷盆地，适宜发展农业。东南丘陵的主要山岭有：黄山、九华山、衡山、丹霞山、武夷山、南岭等。

江南丘陵

江南丘陵由一系列北东—南西走向的雁行式排列的中山、低山和位于其间的一系列丘陵盆地组成。平均海拔500～1 000米，高峰海拔可超过1 500米。主要山地有雪峰山、幕阜山、九岭山、武功山、九华山、黄山、怀玉山等。盆地主要由红色砂页岩或石灰岩组成，海拔100～400米，规模较大的有湘潭盆地、衡阳—攸县盆地、吉（安）泰（和）盆地、金（华）衢（县）盆地等。

江南丘陵

江南丘陵属于典型的亚热带景观，夏季高温，年降水量为1 200～1 900毫米。天然植被为典型的亚热带常绿阔叶林，地带性土壤是红壤和黄壤。这里是重要的农业生产基地，除水稻外，棉花、苎麻、甘薯、经济林木的油茶、油桐、乌柏、茶以及柑橘等，都占有重要地位。

浙闽丘陵

浙闽丘陵位于武夷山、仙霞岭、会稽山一线以东的东南沿海，地形上山岭连绵，丘陵广布，海岸曲折，岛屿众多，平原和山间盆地狭小而分散。有二列与海岸平行的山岭组成地形的骨架。最西一列是以武夷山为主干，向东北与仙霞岭、会稽山相连。其中武夷山、仙霞岭平均海拔1 000米以上，主要由古老变质岩和古生界地层组成。第二列由西南向东北有博平岭、戴云山、洞宫山、括苍山和天台山等，平均海拔 800 米左右，高峰海拔超过 1 500 米，主要由流纹岩和花岗岩组成。这列山岭以东则过渡到沿海丘陵和台地，其中夹有一些河谷盆地和海积平原。

浙闽丘陵

浙闽丘陵依山濒海，气候受海洋影响很深，年降水量 1 400 ~ 1 900 毫米，植被属亚热带常绿阔叶林，是我国南方主要林区之一，保存有大面积的原始林和不少珍稀野生动物，已建有武夷山自然保护区。该地盛产柑橘、茶、油茶、油桐等亚热带经济林木。

两广丘陵

两广丘陵是广西、广东两省大部分低山、丘陵的总称。东部多系花岗岩丘陵，外形浑圆，沟谷纵横，地表切割得十分破碎；西部主要是石灰岩丘陵，峰林广布，地形崎岖，风景优美。主要山脉有十万大山、云开大山、莲花山等。丘陵海拔多在 200 ~ 400 米，少数山峰超过 1 000 米。

两广丘陵属南亚热带大陆性季风气候，1 月平均气温 10℃ ~ 15℃，日均温超过 10℃ 的天数在 300 天以上，台风和暴雨频繁。植被为季风常绿阔叶林，土壤为赤红壤，盛产荔枝、龙眼、橄榄、香蕉、柑橘等水果，但植被遭到破坏，水土流失严重。

山东丘陵

山东丘陵位于黄河以南、大运河以东的山东半岛上，面积约占半岛面积的 70%。它是由古老的结晶岩组成的断块低山丘陵。突兀在丘陵之上的少数山峰，虽海拔高度不大，但气势雄伟，如泰山海拔 1 524 米，巍峨挺拔，自古就有"登泰山而小天下"之喻。

山东丘陵

山东半岛中部的胶莱平原将山东丘陵分隔为鲁东和鲁中丘陵两部，在鲁中丘陵区分布着一片方山丘陵，当地称之为"崮子"，如孟良崮、抱犊崮等。山东半岛也是我国温带果木的重要产地，如烟台的苹果、莱阳的梨等都非常著名。

8. 盆 地

人们把四周高（山地或高原）、中部低（平原或丘陵）的盆状地形称为"盆地"。盆地多分布在多山的地表上,在丘陵、山地、高原都有相应的不同构造的盆地。盆地基本呈中间低、四周高的盆状形态。盆地内部相对盆地外部地形平缓,多平原和丘陵,适合人类居住和农业生产。盆地外部多为高山,适合山地农业的发展。

盆 地

　　盆地在世界范围内主要有两大类型。按照形成的原因,盆地可划分为构造盆地和侵蚀盆地。构造盆地是一种地壳构造运动和地质构造控制形成的盆地,可分为由断裂陷落而形成的断陷盆地,如我国新疆的吐鲁番盆地;地壳弯曲下陷而形成的凹陷盆地,如江汉平原盆地。侵蚀盆地是一种由外力侵蚀形成的盆地。这种盆地面积小,为流水、冰川、风和岩溶等外力作用所致,可分为河谷盆地、冰蚀盆地、风蚀盆地、溶蚀盆地等,如我国云南西双版纳的景洪盆地,主要由澜沧江及支流侵蚀扩展而成。

　　地球上最大的盆地是东非大陆中部的刚果盆地,面积约相当于加拿大的1/3,这是非洲重要的农业区,盆地边缘有着丰富的矿产资源。

刚果盆地

刚果盆地是非洲最大的盆地，也是世界上最大的盆地。盆地呈方形，赤道横贯中部，面积约 337 万平方千米。

刚果盆地位于非洲中西部的下几内亚高原、南非高原、东非高原及低小的阿赞德高原之间。盆地大部在刚果（金）境内，西部及北部包括刚果及中非的部分领土。它原为内陆湖，由于地盘上升和湖水外泄，形成典型的大盆地。

刚果盆地具有周高中低的地形特点。除西南部有狭窄缺口外，盆地全被高原山地所包围。它的内部为平原，面积约 100 万平方千米，地势低下，平均海拔 300～500 米，从东南向西北倾斜，多湖泊，有大片沼泽。盆地中的马莱博湖海拔为 305 米，是盆地的最低处。平原上刚果河及其支流具有宽广的谷地，排水不畅，河水漫出河床而形成大片沼泽。平原外围有孤山和丘陵，海拔 500～600 米，是平原和盆边高地的过渡带。

刚果盆地

刚果盆地边缘是一系列的高原、山地。北缘为中非高地，平均海拔为 700～800 米，是刚果河、乍得湖、尼罗河三大水系的分水岭；东缘为米通巴山脉；东南缘的加丹加高原是刚果河和赞比西河的源地；西南缘隆达高原是刚果河、开赛河和安哥拉北部诸河的分水岭；西缘为喀麦隆低高原、苏安凯山地、凯莱山地和瀑布高原等一系列高地，有刚果河及其支流形成的单一完整的水系。

刚果盆地中的湖泊

刚果盆地的南北均为高原，东部是东非大裂谷，缺口在西部即刚果河下游和河口地段。刚果盆地包括了刚果河流域的大部，平均海拔 400 米，有大片沼泽。

刚果盆地边缘矿产资源丰富，金刚石、铜、锗、钴、锡、铀、锰、钽的储量都居世界前列，有"中非宝石"之称。

刚果盆地是非洲的重要农业区，盛产油棕、咖啡、橡胶、烟叶等经济作物。由于这里大部分地区无人居住，刚果盆地成为大猩猩等热带动物生活的天堂。

刚果盆地的许多支流都到盆地内汇进干流，水系发达。盆地气候属于热带雨林气候，年平均气温25℃~27℃，降水量在 1 500~2 000 毫米以上。盆地分布着一片片郁郁葱葱的热带森林，有多种珍贵树种和热带作物。

我国主要的盆地

我国有五个十分有名的盆地，分别为四川盆地、塔里木盆地、吐鲁番盆地、准噶尔盆地、柴达木盆地等，面积都在10万平方千米以上。其中，塔里木盆地、准噶尔盆地、柴达木盆地和四川盆地又被称为"中国四大盆地"。

塔里木盆地

位于新疆南部的塔里木盆地，在维吾尔语中意为"无缰之马"的大盆地。盆地西起帕米尔高原，东至甘肃、新疆边境，东西长约1 600千米，南北最宽处约为600千米，面积约为53万多平方千米，平均海拔约1 000米，约占新疆总面积的1/2。

塔里木盆地

塔里木盆地是四川盆地的2.6倍，比准噶尔盆地大1.4倍，比吐鲁番盆地大10多倍，是我国最大的内陆盆地。

塔里木盆地深居欧亚大陆腹地，四周高山海拔均在4 000~6 000米，距海遥远、气候干旱少雨、昼夜温差和季节变化很大，是典型的大陆性荒漠气候。冬季寒冷，夏季炎热，1月份平均温度在零下10℃，7月份均温到25℃，同一地方冬夏温差可达50℃～60℃，昼夜温差达15℃～20℃。每当春夏和秋冬之交，早晚寒冷，常常要穿棉衣，而中午气温却很高，穿着单衣还热，所以人们用"早穿皮袄午穿纱，怀抱火炉吃西瓜"来形容这里的气候特点。

塔里木盆地的降雨量除西部相对稍多以外，大部分地区年降雨量都在50毫米以下，东部地区只有10毫米左右，有的地方甚至终年滴雨不降。

从盆地边缘到中心，依次出现戈壁滩、冲积扇平原和沙丘地区，整个盆地呈环状结构。河流从周围高山下注所造成的冲积平原，一般都是绿洲。大的绿洲有喀什、莎车、和田、阿克苏和库车等。绿洲内农业发达，水渠纵横，田连阡陌，绿树成荫，盛产小麦、玉米、水稻、棉花和瓜果。这里是我国粮食、长绒棉和蚕丝的重要产区。

塔克拉玛干大沙漠

盆地中部是我国最大的塔克拉玛干大沙漠，面积约33.4万平方千米，也是世界上著名的大沙漠。"塔克拉玛干"在维吾尔语中意为"进去出不来"。盆地东部有著名的游移湖泊——罗布泊。还有许多条内陆河分布其间，水源不是靠天雨，主要靠高山融化的雪水来补给。

塔里木盆地不仅矿产资源丰富，有多种有色金属与石油，还有大量的盐矿等。

准噶尔盆地

准噶尔盆地位于天山以北，天山与阿尔泰山之间，西北、东北和南面均为高山所包围，呈一个不等边的三角形，面积约 38 万平方千米，是中国第二大盆地。盆地地势由东向西微微倾斜，东端海拔可达千米，而西部的湖沼洼地已下降到 200 ~ 400 米，艾比湖水面海拔仅 189 米，是盆地最低部位。准噶尔盆地的地形结构与塔里木盆地相似，但四周的山岭有许多缺口，所以盆地形状不如塔里木完整。盆地东西两端较为开展，成为中国通往中亚的孔道。盆地的平均海拔约 500 米，向东地势渐高，与内蒙古高原相连接。盆地内部景色较为复杂，有草原、沙漠、盐湖、沼泽。其中沙漠仅限于中部及东部，即玛纳斯河以东，统称为"古尔班通古特沙漠"，这里气候干燥，沙丘比较小，高度也较低。玛纳斯河以西，降水量较多，大部分为草原和沼泽地带。盆地西部有高达 2 000 米的山岭，西北风吹入盆地内，冬季气候寒冷。

准噶尔盆地

准噶尔盆地有丰富的石油、煤和各种金属矿藏。盆地西部的克拉玛依是中国较大的油田之一。北部阿尔泰山区自古以来以盛产黄金著名。准噶尔盆地的绿洲较少，主要分布在天山北侧；盆地东缘因没有高大山脉为绿洲的发育提供水源，所以基本上没有什么绿洲。

柴达木盆地

柴达木盆地是青藏高原上陷落最深的一个巨大盆地。它位于青海省阿尔金山、祁连山、昆仑山间，东西长 800 千米，南北最宽处 350 千米，面积约 22 万平方千米，由许多小型的山间盆地所组成。盆地西高东低，海拔为 2 500 ~ 3 000 米，比塔里木盆地高 2 ~ 3 倍，是一个高原型盆地。从盆地边缘至中心依次为戈壁、丘陵、平原、湖泊。

柴达木盆地

"柴达木"是蒙古语，意为"盐泽"。二三亿年前这里还是一个大湖，后来盆地西部上升，湖面逐渐缩小，留下 5 000 多个咸水湖。位于盆地中央的察尔汗盐池是中国最大的盐湖，面积约 1 600 平方千米，储盐量达 250 亿吨。盐湖表面结成大面积坚硬深厚的盐盖，最厚处达 15 米。贯穿盆地南北的公路，有 31 千米长的路面就是建筑在察尔汗盐湖的盐盖上；这里的不少房屋也是用盐块砌成的。盆地上还有五光十色的盐结晶，其中水晶盐块可以雕刻成各种艺术品。

柴达木盆地不仅是盐的世界，而且还具有丰富的石油、石棉以及各种金属矿藏，曾被人们誉为"聚宝盆"。

四川盆地

四川盆地的自然景色与我国别的盆地迥然不同，这里江水滔滔终年不息，葱郁的山林、翠碧的田野衬托着紫红色的土壤，红绿相映成趣，使这个被誉为"天府之国"的盆地显得分外妖娆。

四川盆地属于丘陵状盆地，面积约20万平方千米，不但形式完整，而且是一个标准的构造盆地。四周的邛崃山、龙门山、大巴山、巫山及大娄山环绕着盆地，海拔为1 000～3 000米。由于这里多紫红色的砂页岩，所以有"紫色盆地"、"红色盆地"之称。

四川盆地

大约距今1.35亿年前，四川盆地还是一个内陆大湖，后因地壳运动，周围上升为山地，东缘的巫山地形较低，湖水从巫山溢出，湖底逐渐干涸成为盆地。在地壳水平运动的作用下，盆地山脉都呈西南—东北方向排列，以川东一带地势最高，华蓥山最高峰海拔约1 800米，成为盆地中的最高点。盆地中部丘陵和缓起伏，面积几乎占盆地一半以上，形成一个丘陵性盆地。

　　成都平原位于盆地的西部，它是一个由于地壳不断下沉和河流夹带的泥沙长期堆积而成的扇形冲积平原。平原上河渠交错，灌溉便利，是四川盆地的精华所在。2 200多年前，中国古代劳动人民为了防洪和灌溉，在成都平原、岷江上游利用地形特点，因势利导修建了著名的都江堰水利工程。

四川盆地的丘陵

　　四川盆地除了成都平原的冲积土以外，在广大丘陵地区，满山遍野都是一片紫红色的土壤。这种土壤是从紫红色的砂页岩风化而来的，含有植物所需要的磷、钾等矿物养料，是中国南方最肥沃的土壤之一，但因这种土壤质地比较疏松，而盆地中的降水又十分丰沛，再加上多丘陵地形，在缺乏植被保护的地方，容易造成水土流失。长期以来，四川人民为了保持水土修筑了许多梯田。

四川盆地的水稻

四川盆地由于经历过由陆地到海盆、由海盆到湖盆、然后又由湖盆转变成为陆盆的历史变迁，所以在盆地中沉积了丰富的煤、铁、盐、天然气和石油等矿藏，再加上盆地内温暖湿润的气候，精耕细作的肥沃土壤，使得被誉为"天府之国"的四川盆地不仅是中国重要的稻、麦、玉米等粮食丰产区，还盛产甘蔗、棉花、蚕丝、茶叶、油菜、药材和水。

9. 冰　川

冰川也称"冰河"，是指年平均气温在 0℃ 以下的地区，由降落在雪线以下的大量积雪经过一系列物理变化作用转化为冰川冰，并在自身的压力作用下向坡下运动，形成真正的冰川。

地球上的冰川大约有 2 900 多万平方千米，主要他分布在南北两极和两极至赤道带的高山地带。这些地方终年严寒，而在其他地区只有高海拔的山上才能形成冰川。众所周知，海拔越高的地方温度越低，当海拔超过一定高度，温度就会

降到0℃以下，降落的固态降水才能常年存在。这一海拔高度冰川学家称之为
"雪线"。

冰 川

　　根据冰川的形态特点，可将冰川分为大陆冰川和山岳冰川。大陆冰川又称为
"冰坡"或"冰原"，是覆盖着整个岛屿与大陆的巨大冰体。它的特点是：面积
较大，有的达百万平方千米以上；厚度大，有的达几千米，中央部分冰层最厚，
外形呈盾状或表面有较大起伏的饼状覆盖。大陆冰川主要分布在高纬度地区，如
南极和北极圈内的格陵兰岛是世界上最大的两个大陆冰川。山岳冰川又称为"高
山冰川"，发育于山地，并受地形的影响较大。根据冰川的形态分布，可将冰川
分为悬挂冰川、冰斗冰川、山谷冰川、山麓冰川等。按照冰川的物理性质，可将
冰川分为极地冰川、亚极地冰川和温冰川。极地冰川的整个冰层全年温度均低于
融点；亚极地冰川表面可以在夏季融化外，冰层大部分低于融点；而温冰川，除
表层冬季冰结外，整个冰层处于压力融点。极地冰川和亚极地冰川又合称"冷冰
川"，多分布南极和格陵兰岛。温冰川主要发育在欧洲的阿尔卑斯山、斯堪的纳
维亚半岛、冰岛以及阿拉斯加和新西兰等降水丰富的海洋性气候地区。

　　在高山上，冰川能够发育，除了要求有一定的海拔外，还要求高山不要过于
陡峭。如果山峰过于陡峭，降落的雪就会顺坡而下，形不成积雪。冰川冰在重力

作用下，沿着山坡慢慢流下；在流动的过程中，逐渐凝固，最后就形成了冰川。当粒雪密度达到 0.5~0.6 克／立米厘米时，粒雪化过程变得缓慢。在自重的作用下，粒雪进一步密实或由融水渗浸再冻结，晶粒改变其大小和形态，出现定向增长。当其密度达到 0.84 克／立米厘米时，晶粒间失去透气性和透水性，便成为冰川冰。粒雪转化成冰川冰的时间从数年至数千年不等。

大陆冰川

冰川是一个巨大的固体水库，储藏着大量的淡水资源。地球上陆地面积的 1/10 为冰川所覆盖，而 4/5 的淡水资源就储存于冰川（冰盖）之中。现代冰川面积的 97%、冰量的 99% 为南极大陆和格陵兰岛两大冰盖所占有，特别是南极大陆冰盖面积达到 1 398 万平方公里（包括冰架），最大冰厚度超过 4 000 米，冰从冰盖中央向四周流动，最后流到海洋中崩解。

近年来，由于全球气候逐渐变暖，世界各地冰川的面积和体积都有明显的减少，有些甚至消失。这种现象在低纬度和中纬度的地方尤其显著。其中欧洲冰川损失最为严重，导致这一结果的主要原因是全球气候变暖。2005 年世界冰川的平均厚度减少了 0.5 米；2006 年，这个数字达到了 1.5 米。冰川融化速度过快会给一些地区带来淡水危机，甚至在水源稀缺的地区酝酿争水冲突。

南极冰川

南极素有"寒极"之称，南极低温的根本原因在于南极冰盖将80%的太阳辐射反射掉了，致使南极热量入不敷出，成为永久性冰封雪覆的大陆。

南极大陆98%的地域被一个直径为4 500千米的永久冰盖所覆盖，平均厚度为2 000米，最厚处达4 750米。南极夏季冰架面积达265万平方千米，冬季可扩展到1 880万平方千米。南极的总贮冰量为2 930万立方千米，占全球冰总量的90%，如果将这些冰层融化，全球海平面将上升大约60米。

南极冰川

南极冰盖将1/3的南极大陆压沉到海平面之下，有的地方甚至被压至1 000米以下。南极冰盖自中心向外扩展，在山谷状地形条件下，冰的运动呈流动状，于是形成冰川，冰川运动速度从100米至1 000米不等。每年因断裂而被排入海洋的巨型冰块则形成冰山。沿海触地冰山可存在多年，未触地冰山受潮汐与海流作用漂移北上而逐渐融化。

百科小知识

格陵兰岛

格陵兰岛是世界上最大的岛屿，位于北美洲东北、北冰洋和大西洋之间。面积210多万平方公里。全岛约4/5的地区在北极圈内，全年的气温在0℃以下，有的地方最冷可达到-70℃。除西南沿海等少数地区无永冻层、有少量树木与绿地之外，格陵兰岛终年只有雪，没有雨，尽是冰雪的王国。全岛85%的地面覆盖着道道冰川与厚重的冰山。

格陵兰岛

格陵兰岛盛产"万年冰"，冰层平均厚度为2 300米，仅次于南极洲的现代巨大的大陆冰川。

10. 沙　漠

　　沙漠是指地面完全被沙所覆盖、植物非常稀少、雨水稀少的荒芜地区。一般的沙漠都是沙质荒漠。地球陆地的1/3是沙漠。因为水很少，沙漠有"荒沙"之称。沙漠地域大多是沙滩或沙丘，沙下岩石也经常出现；泥土很稀薄，植物也很少。有些沙漠是盐滩，完全没有草木。

沙　漠

　　沙漠的主要分布地区是在南北纬15°～30°之间的信风带。这些地区降雨量少，气候干燥，地面岩石风化的细小沙粒在风力作用下容易飘扬堆积成大面积的沙丘，日积月累逐渐就形成了分布广泛的沙漠地带。

　　沙漠地区的温差很大，夏天白天地面最高气温可达60℃以上；夜间可降至10℃以下。沙漠的年温差也较大，一般在30℃～50℃左右。沙漠的降水量比较小，年降雨量在30毫米左右。因此，沙漠中的生物很难生存，常见的沙漠植物一般都是根系发达的耐干旱植物，如仙人掌。

　　沙漠地区的风沙很大，风力强。强大的风力作用有时可以推动沙丘，具有很大的危害性。

沙漠一般是风成地貌。大多沙漠分类按照每年降雨量天数、降雨量总额、温度和湿度来划分。地球上的沙漠一般分为三种类型：特干、干燥和半干地区。

特干地区是指年降水量在100毫米以下、完全没有植物的地带，这里几乎全年无降雨，偶尔降雨也无周期性，面积占全球陆地的4.2%。干燥地区是指季节性地长草但不生长树木的地带，这里的蒸发量比降水量大，年降水量在250毫米以下，面积占全球陆地的14.6%。半干地区是可生长草和低矮树木的地带，有250～500毫米的降水。特干和干燥区称为沙漠，半干区则介于沙漠和为干草原之间。

但是符合干燥性标准的地区并非都是沙漠，如美国阿拉斯加州的布鲁克斯岭的北山坡虽然一年只有250毫米以下的降水，便通常不算为沙漠。

我国的沙漠总面积达1535平方千米，世界上最大的沙漠是非洲的撒哈拉沙漠，面积为860平方千米。

撒哈拉沙漠

撒哈拉沙漠是世界最大的沙漠，几乎占满非洲北部地区，东西约长4800千米，南北约长1300～1900千米，总面积约860万平方千米。撒哈拉沙漠西濒大西洋，北临阿特拉斯山脉和地中海，东为红海，南为萨赫勒一个半沙漠干草原的过渡区。

撒哈拉沙漠

撒哈拉沙漠气候条件极其恶劣，是地球上最不适合生物生长的地方之一。阿拉伯语"撒哈拉"意为"大荒漠"。撒哈拉沙漠西从大西洋沿岸开始，北部以阿特拉斯山脉和地中海为界，东部直抵红海，南部到达苏丹和尼日尔河河谷。撒哈拉沙漠分为西撒哈拉、中部高原山地（包括位于阿尔及利亚的阿哈加尔高原、尼日尔的艾尔高原和乍得的提贝斯提高原）、东部最为荒凉的区域（为特内雷沙漠和利比亚沙漠）。撒哈拉沙漠的最高点为位于提贝斯提高原的库西山，海拔为3 415米。

撒哈拉沙漠中的水

撒哈拉沙漠将非洲大陆分割成两部分——北非和南部黑非洲，这两部分的气候和文化截然不同，撒哈拉沙漠南部边界是半干旱的热带稀树草原，阿拉伯语称为"萨赫勒"，再往南就是雨水充沛、植物繁茂的南部非洲，阿拉伯语称为"苏丹"，意思是"黑非洲"。

11. 岩溶地貌

岩溶地貌也叫"喀斯特地形"，是具有溶蚀力的水对可溶性岩石进行溶蚀等作用所形成的地表和地下形态的总称。岩溶地貌具体是指地表可溶性岩石（主要是石灰岩）受水的溶解而发生溶蚀、沉淀、崩塌、陷落、堆积等现象，进而形成各种特殊的地貌——石林、石峰、石芽、溶洞、落水洞、地下河以及奇异的龙潭、众多的湖泊等，这些现象总称"喀斯特"。除溶蚀作用以外，还有流水的冲蚀、潜蚀以及坍陷等机械侵蚀过程。"喀斯特"是塞尔维亚西北部一个石灰岩高原的名称，意为"岩石裸露的地方"。

岩溶地貌

岩溶地貌形成是石灰岩地区地下水长期溶蚀的结果。石灰岩的主要成分是碳酸钙，在有水和二氧化碳时发生化学反应生成碳酸氢钙，后者可溶于水，于是空洞形成并逐步扩大。这种现象在南欧亚德利亚海岸的喀斯特高原上最为典型，所以常把石灰岩地区的这种地形笼统地称为"喀斯特地貌"。

岩溶地形的地面往往是怪石嶙峋、奇峰林立，地表崎岖不平，地下洞穴交错，地下河发达，有特殊的水文网。在岩溶地貌地区，地表水系比较贫乏，影响农业生产。

我国石灰岩分布面积约为 130 万平方千米，广西、贵州等省都有典型的岩溶地貌。近年来，我国有岩溶地貌的许多地方都被开辟为旅游胜地，如广西的桂林山水、云南的石林都十分有名。

云南石林

云南石林岩溶地质地貌奇观分布范围广袤，类型多样，面积达1 100多平方千米，保护区面积350平方千米，具有极高的美学价值。在广袤的石林地区有雄奇的峰林、湖泊、瀑布、溶洞，形态奇特的剑状、蘑菇状、塔状、柱状、城堡状等形状的岩石，集中体现了世界能给予人类的最大惊奇。

云南石林

云南石林是一座名副其实的由岩石组成的"森林"。由于石灰岩的作用，石柱彼此分离，又经过常年的风雨侵蚀，无数的石峰、石柱、石笋、石芽形成了集奇石、瀑布、湖泊、溶洞、峰丛和丘陵于一身而显得千姿百态的石林。石林在世界同类型岩溶地区中名列前茅，尤其是石林有部分区域是石灰岩与玄武岩交叠覆盖演化成的地质地貌，实为世界罕见。

云南石林岩溶地貌是3亿年地质变迁与风雨剥蚀留下的足迹。云南石林以特有的地质科学价值享誉世界，是中国四大自然景观之一。

12. 丹霞地貌

　　丹霞地貌是一种以赤壁丹崖为特征、有陡崖的陆相红层地貌，具体是指厚层、产状平缓、节理发育、铁钙质混合胶结不匀的红色砂砾岩，在差异风化、重力崩塌、侵蚀、溶蚀等综合作用下形成的城堡状、宝塔状、针状、柱状、棒状、方山状或峰林状的地形；而人们把形成丹霞地貌的红色砂砾岩层则称为"丹霞层"。在丹霞山地区，厚达 300~500 米的岩层被流水、风力等风化侵蚀，形成了堡垒状的山峰和峰丛以及千姿百态的奇石、石桥和石洞。

丹霞地貌

　　丹霞地貌主要分布在中国、美国西部、中欧和澳大利亚等地，尤其以中国分布最广。截至 2008 年，中国已发现丹霞地貌 790 处，分布在 26 个省（区、市）。其中，最著名的是广东的丹霞山，以赤色丹霞为特色，由红色沙砾陆相沉积岩构成，是世界"丹霞地貌"的命名地。在这里设立的"丹霞山世界地质公园"，总面积 319 平方千米，是联合国教科文组织批准的中国首批世界地质公园之一。

张掖丹霞地貌

　　中国的丹霞地貌广泛分布在热带、亚热带湿润区，温带湿润半湿润区、半干旱干旱区和青藏高原高寒区。中国丹霞地貌的典型地区具体包括福建的泰宁、武夷山、连城、永安等地；甘肃张掖的部分地区；湖南怀化的万佛山、邵阳新宁县的崀山；云南丽江的老君山；贵州的赤水（中国面积最大的丹霞地貌区，约有 1 300 平方千米）；江西的龙虎山、鹰潭、弋阳、上饶、瑞金、宁都等地；青海的坎布拉；广东仁化的丹霞山、坪石镇的金鸡岭、南雄县的苍石寨、平远县的南台石和五指石；浙江的永康、新昌等地；广西桂平的白石山、容县的都峤山；四川江油的窦山、灌县的青城山；重庆綦江的老瀛山；陕西凤县的赤龙山以及河北承德等地。

丹霞地貌是红色砂岩地形演化到一定历史阶段而出现的特殊地貌类型。它的发育始于第三纪晚期的喜马拉雅造山运动。这次运动使部分红色地层发生倾斜和舒缓褶曲，并使红色盆地抬升，形成外流区。流水向盆地中部低洼处集中，沿岩层垂直节理进行侵蚀，形成两壁直立的"巷谷"。巷谷崖麓的崩积物在流水不能全部搬走时，形成坡度较缓的崩积锥。随着沟壁的崩塌后退，崩积锥不断向上增长，覆盖基岩面的范围也不断扩大，崩积锥下部基岩形成一个和崩积锥倾斜方向一致的缓坡。崖面的崩塌后退还使山顶面范围逐渐缩小，形成堡状残峰、石墙或石柱等地貌。随着进一步的侵蚀，残峰、石墙和石柱也将消失，形成缓坡丘陵。在红色砂砾岩层中有不少石灰岩砾石和碳酸钙胶结物，碳酸钙被水溶解后常形成一些溶沟、石芽和溶洞，或者形成薄层的钙化沉积，甚至发育有石钟乳。河流深切的岩层，可形成顶部平齐、四壁陡峭的方山，或被切割成各种各样的奇峰，有直立的、堡垒状的、宝塔状的等。岩层沿垂直节理发生大面积崩塌，形成高大、壮观的陡崖坡；陡崖坡沿某组主要节理的走向发育，形成高大的石墙；石墙的蚀穿形成石窗；石窗进一步扩大，变成石桥。各岩块之间常形成狭陡的巷谷，岩壁因红色而名为"赤壁"，壁上常发育有沿层面的岩洞。

百科小知识

中国最美的七大丹霞地貌

2005年，《中国国家地理》杂志评选出了"中国最美的七大丹霞"。它们是：

(1) 广东省韶关市仁化县的丹霞山。

(2) 福建省南平市、武夷山市的武夷山。

(3) 福建省三明市泰宁县的大金湖。

(4) 江西省鹰潭市、贵溪市的龙虎山。

(5) 广西壮族自治区和湖南省交界处的资江—八角寨—崀山丹霞地貌。

(6) 甘肃省张掖丹霞地貌。

(7) 贵州省遵义市、赤水市的赤水丹霞地貌。

13. 雅丹地貌

　　"雅丹"是地理学名词,即维吾尔语的"雅尔当",意为"险峻的土丘"。

　　"雅丹"是地理上专指干燥地区的一种特殊地貌。在形成过程中,这种地貌起初在沙漠里是一座基岩构成的平台形高地;高地内部有节理或裂隙发育,暴雨的冲刷使得节理或裂隙加宽扩大;由于大风不断剥蚀、风蚀沟谷和洼地逐渐分开了孤岛状的平台小山,演变为石柱或石墩。风成的石柱继续遭受风的吹蚀而变成各种形状。如果岩层近于水平且硬、软岩层相间,软岩层容易被剥蚀掉,硬岩层相对突出,像屋檐一样,也称"石檐"。如果软、硬层相间的岩层呈很陡的倾斜形状,就形成锯齿状的雅丹地形。

雅丹地貌

　　雅丹地貌给人最直观的印象是:纵横交错的风蚀沟谷、石柱和石墩林立的建筑群,地面形成的条条"龙脊"、座座城堡的景状,就像一座颓废的古城,人们形象地称之为"魔鬼城",古书中又称之为"龙城"。

　　我国的雅丹地貌面积约2万多平方千米,主要分布于青海柴达木盆地西北部、疏勒河中下游和新疆的罗布泊周围。

新疆的雅丹地貌规模较小，仅有 3 000～4 000 平方千米。典型的雅丹高 4～5 米，而 10～20 米高的雅丹地貌又称为"麦萨"，即方台地。非洲乍得盆地的特贝斯荒原的雅丹群范围最大，约 26 万平方千米；最高大的雅丹在伊朗的卢特荒漠东南部，约 2 万平方千米，高达 200 米，风蚀谷宽为 500 米，雅丹地貌呈垄脊状延伸，长数千米至十几千米；我国敦煌的古海雅丹地貌高 20～100 米，属于中大型雅丹群，而且风蚀谷狭窄，雅丹造型丰富多彩，高密集型为世界所少见。

研究表明，形成雅丹地貌的外营力不仅仅是风，还有水。我国的雅丹地貌存在三种类型：一类是以风力侵蚀为主形成的雅丹，一类是以水流侵蚀为主形成的雅丹，还有一类则是风和水共同作用形成的雅丹。

以风蚀作用为主形成的雅丹，分布在距离山区较远的平原，山区降水形成的洪水一般无法到达，只有风力在这里作用。这一类雅丹集中分布在我国新疆孔雀河以南至楼兰遗址一带。雅丹地貌一般高 4～7 米，它们之间的洼地走向为东北—西南，与当地盛行风向一致。这里每年平均风蚀深度在 2.4～4.7 毫米间。由此估算，这一片雅丹形成时间不过千年，当年这里应是一片平坦沃野。

岩石雅丹地貌

以流水侵蚀作用为主的雅丹地貌，主要分布在邻近山地的地区，新疆阿奇克谷地东段的三陇沙雅丹是这一类型雅丹的典型代表。在这里，突起的土丘陡崖表面还清晰留下了洪水冲刷的痕迹，与风力侵蚀形成的明显层次有根本区别。特别有趣的是，这里的雅丹都整齐排列成行，外形呈馒头状。可以想象是当年水流的长期荡涤，才塑造出如今的外貌。

白龙堆雅丹地貌

由风、水共同作用的雅丹地貌，以著名的白龙堆雅丹地貌、龙城雅丹地貌为典型代表。流水的作用将平坦的地表冲刷成无数的沟谷，然后将疏松沙层暴露于地表，再经风的侵蚀，形成如今的外貌。

千姿百态的雅丹地貌，具有极高的观赏性。因而也成为探险者和旅游者憧憬和向往的神秘之地。

最瑰丽的岩石雅丹——乌尔禾

乌尔禾，又称"乌尔禾风城"，位于新疆准噶尔盆地西北边缘的佳木河下游乌尔禾矿区，西南距克拉玛依市 100 千米。这里风蚀地貌十分独特，被当地蒙古族人民称为"苏鲁木哈克"，哈萨克族人民则称之为"沙依坦克尔西"，意为"魔鬼城"。

"魔鬼城"呈西北—东西走向，长宽约在 5 千米以上，方圆约 10 平方千米，地面海拔 350 米左右。在一望无际的戈壁荒漠上，有数不清的土丘、垄岗，高低不等，纵横交错，像一大片古城堡一样。每当月黑风高之夜，狂风席卷着沙石在土丘中穿行，发出鬼哭狼嚎般的声音，所以当地人把这里叫做"魔鬼城"。

"魔鬼城"雅丹地貌

千百万年来，由于风雨剥蚀，这里的地面形成深浅不一的沟壑，裸露的石层被狂风雕琢得奇形怪状：有的呲牙咧嘴，状如怪兽；有的危台高耸，垛碟分明，形似古堡，千姿百态，令人浮想联翩。

"魔鬼城"地处风口，四季多风。每当风起，飞沙走石，天昏地暗，怪影迷离。如箭的气流在怪石山匠间穿梭回旋，发出尖厉的声音，如狼嗥虎啸、鬼哭神号，若在月光惨淡的夜晚，四周萧索，情形更为恐怖。

现在，人们已经把这里开发出来，圈出了一片景观最集中的区域，叫做"世界魔鬼城",辟出了一条较宽的单行环线土路,设置了路标,许多影视剧也曾在这里取景拍摄。

最神秘的雅丹——白龙堆

　　白龙堆是罗布泊三大雅丹地貌群之一。它位于罗布泊东北部,是一片盐碱地土台群,环境十分恶劣。白龙堆是新疆所有雅丹地貌中最不易到达的一个,到目前为止,真正见过它庐山真面目的人为数不多,这更给它增添了几分神秘的色彩。古丝绸之路进入罗布泊的中道就从白龙堆中穿过,一直到唐代仍有商贾途经。白龙堆在历史书籍上常被提及,但被描绘成十分险恶的区域,被称"有鬼怪出没之地"。

白龙堆雅丹地貌

　　实际上,白龙堆是一处危险的无人区。这里气候炎热,人迹罕至,途经此地的人若遇上数天沙暴就会被困住,所以每年的6—8月,一般人不会进入这个地区。

白龙堆是第四纪湖积层抬升形成的砾质土丘地貌。由于水蚀和风蚀作用，形成东北至西南走向的长条状土丘群，绵亘近百千米，横卧于罗布泊地区的东北部。由于白龙堆的土台以砂砾、石膏泥和盐碱构成，颜色呈灰白色，有阳光时还会反射点点银光，似鳞甲般，因而古人将这片广袤的雅丹地貌群称为"白龙堆"。从远处望去，白龙堆就仿佛是一群群在沙海中游弋的白龙，白色的脊背在波浪中时隐时现，首尾相衔，无边无际，气势奇伟。

最壮观的雅丹地貌——三垄沙

三垄沙雅丹地貌群位于玉门关以西的戈壁荒漠中。由于它地处三垄沙雅丹地貌边缘，因此被称为"三垄沙雅丹地貌"。

三垄沙雅丹地貌

三垄沙是一条横亘于罗布泊东部地区的流动沙丘带，至今仍受东北风的影响，随时游动。这条沙漠带长约百千米，宽约数千米，在汉代土梁道的沙带最窄，约200米。遇到起风，沙如游蛇，在风口中行走，细沙会沿足盘旋到膝盖处。民间有谚语道：急走流沙慢走水。三垄沙雅丹东西长约 10 千米，南北宽约 10 千米，面积约 100 平方千米；土台高达 15~20 米，大多土台可长达 200 米；所有的土台都呈长条状东西排列，犹如茫茫沙海中的一群巨鲸，或似联合舰队的一列列战舰在游弋，气势磅礴。

三垄沙雅丹地貌的成因有不同的说法，但大多数人认为属洪水冲蚀为主，再加上风的作用形成。土台的结构多以沉积层黄土形成，有不同的颜色，在早午晚太阳的光线的作用下，会产生不同的色彩世界，奇幻无穷。

14. 火　山

在地球的地壳之下 100~150 千米处，有一个"液态区"，区内存在着高温、高压下含气体挥发分的熔融状硅酸盐物质，即岩浆。它一旦从地壳薄弱的地段冲出地表，就形成了火山。火山爆发能喷出多种物质。

火　山

火山是炽热地心的窗口，是地球上最具爆发性的力量。火山由火山口和火山锥组成。地球上已知的"死火山"约有 2 000 座；已发现的"活火山"共有 523 座，其中陆地上有 455 座，海底火山有 68 座。火山在地球上的分布是不均匀的，它们都出现在地壳中的断裂带。就世界范围而言，火山主要集中在环太平洋一带和印度尼西亚向北经缅甸、喜马拉雅山脉、中亚、西亚到地中海一带，现今地球上的活火山 99% 分布都在这两个带上。

火山出现的历史很悠久。有些火山在人类有史以前就喷发过，但现在已不再活动，这样的火山称之为"死火山"；不过也有的"死火山"随着地壳的变动会突然喷发，人们称之为"休眠火山"；人类有史以来，时有喷发的火山，称为"活火山"。

火山喷发

火山活动能喷出多种物质，在喷出的固体物质中，一般有被爆破碎了的岩块、碎屑和火山灰等；在喷出的液体物质中，一般有熔岩流、水、各种水溶液以及水、碎屑物和火山灰混合的泥流等；在喷出的气体物质中，一般有水蒸汽和碳、氢、氮、氟、硫等氧化物。除此之外，在火山活动中，还常喷射出可见或不可见的光、电、磁、声和放射性物质等，这些物质有时能致人于死地，或使电、仪表等失灵，使飞机、轮船等失事。

火山喷发的强弱与熔岩性质有关，喷发时间也有长有短，短的几小时，长的可达上千年。

在距离地面大约32千米的深处存在大量高温液体，其温度之高足以熔化大部分岩石。岩石熔化时膨胀，需要更大的空间，而在世界的某些地区，山脉在隆起，这些正在上升的山脉下面的压力在变小，这些山脉下面就有可能形成一个熔岩库。熔岩沿着隆起造成的裂痕上升，熔岩库里的压力大于它上面的岩石顶盖的压力时，便向外迸发成为一座火山。

喷发时，炽热的气体、液体或固体物质突然冒出。这些物质堆积在开口周围，形成一座锥形山头。火山口是火山锥顶部的洼陷，开口处通到地表。锥形山是火山形成的产物。火山喷出的物质主要是气体，但是像渣和灰的大量火山岩和固体物质也喷了出来。

火山岩

实际上，火山岩是被火山喷发出来的岩浆，当岩浆上升到接近地表的高度时，它的温度和压力开始下降，发生了物理和化学变化，岩浆就变成了火山岩。

火山喷发可在短期内给人类的生命财产造成巨大的损失，它是一种灾难性的自然现象。然而火山喷发后，它能提供丰富的土地、热能和许多种矿产资源，还能提供旅游资源。

一般来说，火山资源主要体现在它的旅游价值、地热利用和火山岩材料方面。在地球上，有火山的地方一般就有地热资源。地热能是一种廉价的新能源，同时无污染，因而得到了广泛的应用。现在，从医疗、旅游、农用温室、水产养殖一直到民用采暖、工业加工、发电方面，都可见到地热能的应用。其中，冰岛首都雷克雅未克周围的 3 座地热电站为 15 万冰岛人提供热水和电力，整个冰岛有 85% 的居民都通过地热取暖。地热资源干净卫生，大大减少了石油等能源进口。自 20 世纪 70 年代，冰岛空气质量大为改善。冰岛人还善于提高地热资源的使用效率，包括进行温室蔬菜花草种植、建立全天候室外游泳馆、在人行道和停车场下铺设热水管道以加快冬雪融化等。现在，全世界有十几个国家都在利用地热发电，我国西藏羊八井建立了全国最大的地热试验基地，取得了很好的成绩。

玄武岩

火山活动还可以形成多种矿产，最常见的是硫磺矿的形成。陆地喷发的玄武岩常结晶出自然铜和方解石，海底火山喷发的玄武岩常可形成规模巨大的铁矿和铜矿。另外，我们熟知的钻石，其形成也和火山有关。玄武岩是分布最广的一种火山岩，同时它又是良好的建筑材料。熔炼后的玄武岩称为"铸石"，可以制成各种板材、器具等。铸石最大的特点是坚硬耐磨、耐酸、耐碱、不导电和可做保温材料。

15. 海　洋

大洋的边缘部分称为"海"，是由大陆、半岛和岛屿与海洋隔开的水域。海的面积约占海洋的11%，一般深度较浅，平均深度从几米到二三千米。

海　洋

临近大陆的海，受大陆、河流、气候和季节的影响，有明显的季节变化。夏季，海水变暖，冬季水温降低；有的海域，海水还要结冰。在大河入海的地方，或多雨的季节，海水会变淡。由于受陆地影响，河流夹带着泥沙入海，近岸海水浑浊不清，海水的透明度差。海没有自己独立的潮汐与海流。

按照所处的地理位置不同，海可分为边缘海、内陆海和地中海。边缘海又称

"陆缘海"或"边海"，位于大陆边缘，并与大洋相通，如我国的东海、南海就是太平洋的边缘海。地中海是介于两块主要陆地之间的海，又称"陆间海"，地中海有海峡和邻近海区或洋相连，而水一般比内陆海深，如欧洲、亚洲、非洲之间的地中海等。内陆海是指伸入大陆内部的海，一般有狭窄的水道与大洋相连，如我国的渤海、欧洲的波罗地海等。世界主要的海接近50个，太平洋最多，大西洋次之，印度洋和北冰洋差不多。

洋是海洋的中心部分，也是海洋的主体。它主要是指远离大陆、深度较大的水域。世界大洋的总面积约占海洋面积的89%。大洋的水深一般在3 000米以上，最深处可达1万多米。大洋离陆地遥远，不受陆地的影响。它的水温和盐度的变化不大。每个大洋都有自己独特的洋流和潮汐系统。大洋的水色蔚蓝，透明度很大，水中的杂质也很少。世界共有4个大洋，即太平洋、印度洋、大西洋、北冰洋。

海洋洋底

海洋总面积为3.61亿平方千米，占地球表面的71%。海洋是一个"蓝色宝库"，富含金、铁、锰、锡等矿产资源和多种换血元素、稀有金属和油气能源，并且海洋还有丰富的生物资源，地球上的生物资源80%以上都在海洋里。

近年来，人们在研究海洋的潮汐能来发电，利用可燃冰作为未来的替代能源。

大西洋

  大西洋是地球上第二大洋，位于欧洲、非洲与南、北美洲和南极洲之间。北以冰岛—法罗岛海丘和威维尔—汤姆森海岭与北冰洋分界，南临南极洲并与太平洋、印度洋南部水域相通；西南以通过南美洲最南端合恩角的经线同太平洋分界；东南以通过南非厄加勒斯角的经线同印度洋分界；西部通过南、北美洲之间的巴拿马运河与太平洋沟通；东部经欧洲和非洲之间的直布罗陀海峡通过地中海以及亚洲和非洲之间的苏伊士运河与印度洋的附属海红海沟通。大西洋东西狭窄、南北延伸，轮廓略呈"S"形，自北至南全长约 1.6 万千米。大西洋的赤道区域宽度最窄，最短距离仅约 2 400 多千米。

大西洋

  大西洋的面积，连同其附属海和南大洋部分水域在内（不计岛屿），约 9 165.5万平方千米，平均深度为 3 597 米，最深处位于波多黎各海沟内，为 9 218 米。

大西洋东西两侧岸线大体平行。南部岸线平直，内海、海湾较少；北部岸线曲折，沿岸岛屿众多，海湾、内海、边缘海较多。岛屿和群岛主要分布于大陆边缘，多为大陆岛。开阔洋面上的岛屿很少。在几个大洋中，大西洋入海河流流域面积最广，流域面积达 4 742.3 万平方千米。主要河流有圣劳伦斯河、密西西比河、奥里诺科河、亚马孙河、巴拉那河、刚果河（扎伊尔河）、尼日尔河、卢瓦尔河、莱茵河、易北河以及注入地中海的尼罗河等。

大西洋表层海水温度的分布和变化同气温的分布、变化相联系。赤道地区水温最高，年均温为 25℃～27℃，并从赤道向高纬度地区逐渐降低。水温的年变幅以赤道海区最小，一般在 1℃～3℃；北纬 30°～50° 和南纬 30°～40° 增大到 5℃～8℃，而高纬度海区年变幅又有些变小，近北极海区约 4℃，南极海区大约只有 1℃。但受大陆气候或寒流、暖流、锋面等因素季节变动影响明显的局部海区，表层水温的年变幅可达 10℃ 以上。从总体来看，大西洋南北两端地形开敞，受北冰洋和南极水域的冷水和浮冰影响明显，因而其表层水温平均只有 16.9℃，低于太平洋和印度洋。

16. 洋　流

洋流是海洋中除了由引潮力引起的潮汐运动外，海水沿着一定方向大规模地流动形成的，也叫"海流"。而引起海流运动的因素可以是风，也可以是热盐效应造成的海水密度分布的不均匀性。洋流主要受盛行风、地转偏向力作用和岛屿阻挡等影响。它的宽度一般达数十千米乃至数百千米，长达数千千米。

按照水温和成因的不同，洋流分为寒流、暖流、风海流、密度流、补偿流、赤道流、极地流、沿岸流、向岸流、离岸流等。寒流和暖流的不同之处是，如果洋流的水温比到达海区的水温高，则称为"暖流"；如果洋流的水温比到达海区的水温低，则称为"寒流"。一般由低纬度流向高纬度的洋流为暖流，由高纬度流向低纬度的洋流为寒流。

洋流是地球表面热环境的主要调节者。它的存在对世界各地的气候影响很大，往往同一纬度地带的大陆东西两岸因受寒流、暖流的不同影响，气候会呈现明显的差异。经常出现暖流的沿岸地带，气候湿润，降水丰富，生物资源多样；而寒流经过的地带往往气候干冷，降水稀少，甚至形成沙漠气候。

世界表层洋流的分布

洋流对海洋中多种物理过程、化学过程、生物过程、地质过程以及海洋上空的气候和天气的形成和变化，都有影响和制约的作用。了解和掌握洋流的规律、相互作用和长时期的气候变化，对渔业、航运、排污和军事等都有重要意义。

在海洋运动中，洋流则对地球的气候和生态平衡扮演着重要的角色。洋流循着一定的路线周而复始地运动着，规模比起陆地上的巨江大川则要大出成千上万倍。海水流动可以推动涡轮机发电，为人们输送绿色能源。中国的洋流能源也很丰富，沿海洋流的理论平均功率为 1.4 亿千瓦。

在所有的洋流中，有一条规模十分巨大，堪称洋流中的"巨人"，它就是著名的美国墨西哥湾暖流。它的宽度为 60~80 千米，厚达 700 米，总流量为 7400 万立方米/秒~9300 万立方米/秒，比世界第二大洋流——北太平洋上的黑潮要大将近 1 倍，比陆地上所有河流的总量则要超出 80 倍。与我国的河流相比，它大约相当于长江流量的 2600 倍、黄河的 57000 倍。

墨西哥湾流与北大西洋洋流和加那利洋流共同作用，调节西欧与北欧的气候。

17. 湖 泊

湖泊是指陆地表面洼地积水形成的比较宽广的水域。它的面积大小不一，大的积水洼地称为"湖"，小的则叫做"泊"。湖泊是在地质、地貌、气候、流水等因素的综合作用下形成的。

湖 泊

在种类上，按照湖盆的成因，湖泊可分为构造湖、堰塞湖、岩溶湖、火山口湖、冰川湖人工湖、潟湖等；按照湖水盐度高低，它可分为咸水湖和淡水湖；按照泄水情况，它又分为排水湖和非排水湖。其中，构造湖是由地壳构造运动形成的凹陷积水洼地，一般湖水较深，容积较大，如我国的滇池。堰塞湖是由山崩、地震、滑坡、泥石流、冰碛或火山喷发熔岩阻塞河道而形成的。岩溶湖也叫"喀斯特湖"，主要是由石灰岩地区的溶蚀洼地盛水而成的湖泊，一般情况下，湖底有地下水与之相通，如我国贵州的草海。

湖泊具有调节水量和气候、防洪、灌溉、养殖、旅游等综合作用。

世界上湖泊分布很广，最大的湖泊是欧亚大陆之间的里海，面积为37.1平方千米；最深的湖泊是俄罗斯的贝加尔湖，水深达1 620米；最低、最咸的湖泊是死海。我国的湖泊众多，面积大于 1 平方千米的湖泊约有 2 000 多个，总面积达 7~8 万平方千米。青海湖面积为 4 000 多平方千米，是中国最大的咸水湖；西藏的纳木错，湖面高为 4 718 米，在全球湖面积为 1 000 平方千米以上的湖泊中，是海拔最高的湖泊；位于长白山上的天池是中国最深的湖泊，水深达 373 米；青海柴达木盆地的察尔彝盐湖，以丰富的湖泊盐藏量著称于世。

构造湖

天 池

青海湖

　　青海湖又名"库库淖尔"，即蒙语"青色的海"之意。它位于青海省东北部的青海湖盆地内，既是中国最大的内陆湖泊，也是中国最大的咸水湖。

　　青海湖由祁连山的大通山、日月山与青海南山之间的断层陷落形成。它长105千米，宽63千米，周长360千米，面积达4 583平方千米，比我国最大的淡水湖鄱阳湖要大近459.76平方千米。青海湖的最深处达38米，湖泊的集水面积约29 661平方千米，湖面海拔3 196米，西北有布哈河注入。

青海湖

　　青海湖的湖水来源主要依赖地表径流和湖面降水补给。入湖的河流有40余条，主要有布哈河、巴戈乌兰河、侧淌河等，其中以布哈河最大。

　　青海湖是一个富有神奇色彩的游览地，湖的四周被四座高山所环抱：北面是崇高壮丽的大通山，东面是巍峨雄伟的日月山，南面是逶迤绵绵的青海南山，西面是峥嵘嵯峨的橡皮山。这四座大山海拔都在3 600～5 000米，犹如四幅高高的天然屏障，将青海湖紧紧环抱其中。从山下到湖畔，则是广袤平坦、苍茫无际的千里草原，而烟波浩渺、碧波连天的青海湖，就像是一盏巨大的翡翠玉盘平嵌在高山、草原之间，构成了一幅山、湖、草原相映成趣的壮美风光和绮丽景色。

青海湖是季节性的湖泊，每年 12 月，青海湖开始封冻，冰期为 6 个月，冰厚半米以上。湖中有 5 个小岛，以海心山最大。鸟岛位于湖的西部，面积 0.11 平方公里，是斑头雁、鱼鸥、棕头鸥、鸬鹚等 10 多种候鸟繁殖生息场所，数量多达 10 万只以上，现已建有鸟岛自然保护区。

水天一色的青海湖

青海湖是我国西北地区最大的天然鱼库，湖中不仅盛产裸鲤，而且还有丰富的矿产资源，而滨湖的草原更是良好的天然牧场。

青海湖还具有很高的科研价值，如今已成为全世界科学家所注目的巨大宝湖。

18. 土　壤

土壤是指覆盖于地球陆地表面，具有肥力特征的、能够生长绿色植物的疏松物质层。

　　土壤是由固体、液体和气体三类物质组成的。固体物质包括土壤矿物质、有机质和微生物等；液体物质主要指土壤水分；气体是存在于土壤孔隙中的空气。土壤中的各种肥力因素互相联系，互相制约，它们主要取决于土体类型和土壤结构。

土　壤

　　土壤为作物提供必需的生活条件，有机质是土壤肥力的物质基础。土壤矿物质是岩石经过风化作用形成的不同大小的矿物颗粒如砂粒、土粒和胶粒等。土壤矿物质种类很多，化学组成复杂，它直接影响土壤的物理、化学性质，是作物养分的重要来源。有机质含量的多少是衡量土壤肥力高低的一个重要标志，它和矿物质紧密地结合在一起。在一般耕地耕层中有机质含量只占土壤干重的 0.5%～2.5%，耕层以下更少，但它的作用却很大，人们常把含有机质较多的土壤称为"油土"。

　　按照有机质分解程度，土壤可分为新鲜有机质、半分解有机质和腐殖质。腐殖质是指新鲜有机质经过微生物分解转化所形成的黑色胶体物质，一般占土壤有机质总量的85%~90%以上。土壤微生物的种类很多，有细菌、真菌、放线菌、藻类和原生动物等。土壤微生物的数量也很大，1克土壤中就有几亿到几百亿个；1亩地耕层土壤中，微生物的重量有几百斤到上千斤。土壤越肥沃，微生物越多。

世界各地的土壤类型

亚欧大陆是地球上最大的大陆。其中，山地土壤占陆地面积的1/3，灰化土和荒漠土分别占16%和15%，黑钙土和栗钙土占13%。亚欧大陆的地带性土壤沿纬度水平分布由北至南依次为冰沼土、灰化土、灰色森林土、黑钙土、栗钙土、棕钙土、荒漠土、高寒土、红壤、砖红壤。但在亚欧大陆的东、西两岸略有差异，大陆西岸的土壤类型从北而南依次为冰沼土、灰化土、棕壤、褐土、荒漠土；而大陆东岸自北向南的土壤依次为冰沼土、灰化土、棕壤、红黄壤、砖红壤。与众不同的是，在灰化土和棕壤带中分布有沼泽土；半荒漠和荒漠土壤中分布着盐渍土；在印度德干高原上还分布着变性土。

分布不同的土壤

在北美洲，灰化土较多，约占大陆面积的 23% 。由于大陆西部的科迪勒拉山系呈南北走向伸延，从而加深了水热条件的东西差异，因此，北美洲西半部土壤表现明显的经度地带性分布。

北美大陆西半部由东而西的土壤类型依次为湿草原土、黑钙土、栗钙土、荒漠土；而在东部因南北走向的山体不高，土壤又表现出纬度地带性分布，由北至南依次为冰沼土、灰化土、棕壤、红黄壤。北美灰化土带中有沼泽土，栗钙土带中有碱土，荒漠土带中有盐土。

南美洲砖红壤、砖红壤性土的分布面积最大，几乎占全洲面积的一半，主要分布于南回归线以北地区，呈东西延伸。在南回归线以南地区，土壤类型逐渐转为南北延伸，自东而西依次大致为红黄壤、变性土、灰褐土、灰钙土，再往南则为棕色荒漠土。安第斯山以西地区土壤类型是南北向排列和延伸的，自北向南依次为砖红壤、红褐土、荒漠土、褐土、棕壤。

非洲的土壤以荒漠土和砖红壤、红壤为最多，其中，荒漠土占大陆面积的 37%，砖红壤、红壤则占 29% 。由于赤道横贯中部，土壤由中部低纬度地区向南北两侧成对称纬度地带性分布，土壤分布的顺序是砖红壤、红壤、红棕壤和红褐土、荒漠土，至大陆南北两端为褐

砖红壤

土和棕壤。但在东非高原因受地形的影响而稍有改变。在砖红壤带中分布有沼泽土，在沙漠化的热带草原、半荒漠和荒漠带中分布有盐渍土。

在大洋洲的澳大利亚，土壤以荒漠土面积最大，占大陆面积的 44%，其次为砖红壤和红壤，约占 25% 。土壤分布呈半环形，自北、东、南三方面向内陆

和西部依次分布热带灰化土、红壤和砖红壤、变性土和红棕壤、红褐土和灰钙土、荒漠土。

我国主要的土壤类型

砖红壤

主要分布在海南岛、雷州半岛、西双版纳和台湾岛南部，大致位于北纬22°以南的热带季风气候区域内。这里的年平均气温为23～26℃，年平均降水量为1 600～2 000毫米；风化淋溶作用强烈，易溶性无机养分大量流失，铁、铝残留在土中，颜色发红；土层深厚，质地粘重，肥力差，呈酸性至强酸性。

赤红壤

主要分布在云南南部的大部、广西和广东的南部、福建的东南部以及台湾省的中南部，大致在北纬22°～25°。该区域为砖红壤与红壤之间的过渡类型，属于南亚热带季风气候区，气温较砖红壤地区略低，年平均气温为21℃～22℃，年降水量为1 200～2 000毫米；风化淋溶作用略弱于砖红壤，颜色红；土层较厚，质地较粘重，肥力较差，呈酸性。

红壤和黄壤

主要分布于长江以南的大部分地区以及四川盆地周围的山地，这一区域属于中亚热带季风气候区。该区域气候温暖，雨量充沛，年平均气温为16℃～26℃，年降水量在1 500毫米左右；植被为亚热带常绿阔叶林；黄壤形成的热量条件比红壤略差，而水湿条件较好；有机质来源丰富，但分解快，流失多，因而土壤中腐殖质少，土性较粘；加之淋溶作用较强，导致钾、钠、钙、镁积存少，而含铁、铝多，土呈均匀的红色；由于黄壤中的氧化铁水化，所以土层呈黄色。

黄棕壤

主要分布于北起秦岭、淮河，南到大巴山和长江，西自青藏高原东南边缘，东至长江下游地带，土壤类型是黄红壤与棕壤之间的过渡型土壤。这一区域属于亚热带季风区北缘，夏季高温，冬季较冷，年平均气温为15℃～18℃，年降水量为750～1 000毫米；植被是落叶阔叶林，但杂生有常绿阔叶树种；既具有黄壤与红壤富铝化作用的特点，又具有棕壤粘化作用的特点；土壤呈弱酸性反应，自然

肥力比较高，

棕　壤

主要分布于山东半岛和辽东半岛。这里属于暖温带半湿润气候，夏季暖热多雨，冬季寒冷干旱，年平均气温为5℃～14℃，年降水量为500～1 000毫米；植被为暖温带落叶阔叶林和针阔叶混交林；土壤中的粘化作用强烈，还产生较明显的淋溶作用，使钾、钠、钙、镁都被淋失，粘粒向下淀积；土层较厚，质地比较粘重，表层有机质含量较高，呈微酸性反应。

暗棕壤

主要分布于东北地区大兴安岭东坡、小兴安岭、张广才岭和长白山等地。这一区域属于中温带湿润气候，年平均气温－1℃～5℃，冬季寒冷而漫长，年降水量为600～1 100毫米；土壤类型是温带针阔叶混交林下形成的土壤；土壤呈酸性反应，它与棕壤比较，表层有较丰富的有机质，腐殖质的积累量多，是比较肥沃的森林土壤。

寒棕壤

主要分布于大兴安岭北段的山地上部，呈北面宽南面窄的形状。该区域属于寒温带湿润气候，年平均气温为－5℃，年降水量为450～550毫米；植被为亚寒带针叶林；土壤经漂灰作用酸性较大，土层薄，有机质分解慢，有效养分少。

褐　土

主要分布于山西、河北、辽宁三省连接的丘陵低山地区和陕西关中平原。这一区域属于暖温带半湿润半干旱季风气候，年平均气温为11℃～14℃，年降水量为500～700毫米，降水一半以上都集中在夏季，冬季干旱；植被以中生和旱生森林灌木为主；淋溶程度不很强烈，有少量碳酸钙淀积；土壤呈中性、微碱性反应，矿物质、有机质积累较多，腐殖质层较厚，肥力较高。

黑钙土

主要分布于大兴安岭中南段山地的东西两侧、东北松嫩平原的中部和松花江、辽河的分水岭地区。这一区域属于温带半湿润大陆性气候，年平均气温为－3℃～3℃，年降水量为350～500毫米；植被为产草量最高的温带草原和草甸草原；腐殖质含量最为丰富，腐殖质层厚度大；土壤颜色以黑色为主，呈中性至微碱性反应，钙、镁、钾、钠等无机养分也较多，土壤肥力高。

栗钙土

主要分布于内蒙古高原东部和中部的广大草原地区，是钙层土中分布最广、面积最大的土类。这一区域属于温带半干旱大陆性气候，年平均气温为 - 2℃ ~ 6℃，年降水量为 250 ~ 350 毫米；栗钙土的草场为典型的干草原，生长不如黑钙土区茂密；腐殖质积累程度比黑钙土弱些，但也相当丰富，厚度也较大，土壤颜色为栗色；土层呈弱碱性反应，局部地区有碱化现象；土壤质地以细沙和粉沙为主，区内沙化现象比较严重。

棕钙土

主要分布于内蒙古高原的中西部、鄂尔多斯高原、新疆准噶尔盆地的北部和塔里木盆地的外缘，是钙层土中最干旱并向荒漠地带过渡的一种土壤。这一区域的气候要比栗钙土地区更干，大陆性气候特征更强，年平均气温为 2℃ ~ 7℃，年降水量为 150 ~ 250 毫米；植被为荒漠草原和草原化荒漠；腐殖质的积累和腐殖质层厚度是钙层土中最少的，土壤颜色以棕色为主；土壤呈碱性反应；地面普遍多砾石和沙，并逐渐向荒漠土过渡。

黑垆土

主要分布于陕西北部、宁夏南部和甘肃东部等黄土高原上，土壤侵蚀较轻，是地形较平坦的黄土源区。这一区域属暖温带半干旱半湿润气候，年平均气温为 8℃ ~ 10℃，年降水量为 300 ~ 500 毫米，与黑钙土地区差不多，但由于气温较高，相对湿度较小；由黄土母质形成；植被与栗钙土地区相似，绝大部分都已被开垦为农田；腐殖质的积累和有机质含量不高，腐殖质层的颜色上下差别比较大，上半段为黄棕灰色，下半段为灰带褐色，好像黑垆土是被埋在下边的古土壤。

荒漠土

主要分布于内蒙古和甘肃的西部、新疆的大部、青海的柴达木盆地等地区，面积很大，差不多要占全国总面积的 1/5。这一区域属于温带大陆性干旱气候，年降水量大部分地区不到 100 毫米；植被稀少，以非常耐旱的肉汁半灌木为主；土壤基本上没有明显的腐殖质层，土质疏松，缺少水分，土壤剖面几乎全是砂砾，碳酸钙表聚、石膏和盐分聚积多，土壤发育程度差。

高山草甸土

主要分布于青藏高原的东部和东南部、阿尔泰山及准噶尔盆地以西山地和天山山脉。这一区域的气候温凉而较湿润，年平均气温在 - 2℃ ~ 1℃左右，年降水量在 400 毫米左右；植物属于高山草甸植被，剖面由草皮层、腐殖质层、过渡层和母质层组成；土层薄，土壤冻结期长，通气不良；土壤呈中性反应。

高山漠土

主要分布于藏北高原的西北部、昆仑山脉和帕米尔高原。这一区域的气候干燥而寒冷，年平均气温在 -10℃左右，冬季最低气温可达 -40℃，年降水低于100毫米；植被的覆盖度不足10%；土层薄，石砾多，细土少，有机质含量很低，土壤发育程度差，呈碱性反应。

19. 植　被

植被是指地球表面某一地区内所覆盖的植物群落的总体。全球地表的植被称为"世界植被"；某一区域的植被称为"地方植被"；天然的森林、草甸等称为"自然植被"；各类森林可称为"森林植被"。

天然植被

植被按照地理环境特征可划分为高山植被和温带植被；按照不同的地域可划分为地方植被、国家植被；还可依植物群落类型划分，如草甸植被、森林植被等。植被还可分为自然植被和人工植被。自然植被是一地区的植物长期发展的产物，包括原生植被、次生植被和潜在植被；人工植被包括农田、果园、草场、人造林和城市绿地等。

从全球范围可区分为海洋植被和陆地植被两大类。海洋植被的特征是生产能力低，绿色植物中藻类占优势。在陆地植被中，种子植物占绝对优势，但由于陆地环境差异大，形成了多种植被类型。陆地植被可划分为植被型、植物群系和群丛等多级分类系列。植被是一种宝贵的财富，它与气候、土壤、地形、动物界及水状况等自然环境要素密切相关，合理地开发、利用和保护植被会给一个国家带来长远的经济效益。根据植被地理分布规律，在一定区域内依照植被类型的一致性和差异性可以分出不同等级的植被区域，如热带雨林、季雨林、常绿阔叶林、常绿针叶林、落叶阔叶林、针叶林、针阔混交林、稀树草原等多种植被区域。

第三节　瞬息万变——气候特征与类型

气候与人类社会有着密切的关系。许多国家很早就有关于气候现象的记载。我国春秋时代用圭表测日影以确定季节，秦汉时期就有二十四节气、七十二候的完整记载。

"气候"一词源自古希腊文，意为"倾斜"，是指各地气候的冷暖同太阳光线的倾斜程度有关。现代意义上的气候是指长时间内气象要素和天气现象的平均或统计状态，时间尺度为月、季、年、数年到数百年以上。它以冷、暖、干、湿等特征来衡量，通常由某一时期的平均值和离差值表征。

由于太阳辐射在地球表面分布的差异，以及海洋、陆、山脉、森林等不同性质到达地表的太阳辐射所产生的物理过程不同，气候除了具有温度大致按纬度分布的特征外，还具有明显的地域性特征。因此，在不同的地区吸收到的太阳热量有明显的差别，这就产生了地区之间的气候差异。科学家们把一种气温、降水特征和自然景观相似的地带，归结为同一气候类型，而把另一种气温、降水特征和自然景观相似的地带，归结为另一气候类型，这就产生了不同的气候带。

通常，把地球划分为热带、温带和寒带三个气候带。由于温带和寒带在南北半球各有一个，所以地球上共有 5 个气候带。

热带气候又可分成三种不同类型的气候，即赤道气候、热带气候和副热带气候。

赤道气候：即赤道地区的气候，其特征是全年气温高、湿度大、闷热多雨。赤道气候年平均气温一般在 25~30℃，全年气温变化较小；全年多雨，陆上午后多雷雨，海上夜间多雷雨；年雨量通常在 1 000~3 000 毫米左右，各月分配均匀。非洲的刚果盆地、几内亚湾东侧海岸、南美的亚马孙河流域、亚洲的印度尼西亚均属于赤道气候。

热带气候：全年气温较高，四季不明显，但干湿季分明，全年可分干季和湿季两个季节，风暴甚多。印度、缅甸、越南和我国的海南岛都属于热带气候。

气候对人类的影响

副热带气候：全年较长时期为副热带高压控制和活动的地区，由于受季风影响，夏季炎热多雨，冬季温和少雨。我国长江以南、南岭以北地区属于这种气候。

温带气候：由于地理位置不同，又可分为三种类型，即温带海洋气候、温带大陆气候和温带季风气候；温带海洋气候，全年温和，四季雨量分配均匀，云量多，湿度大，欧洲的英国、荷兰等属于这种气候；温带大陆气候，夏季炎热，冬季寒冷，全年雨量稀少，且集中在夏季，我国新疆、甘肃等地属于这种气候；温带季风气候，夏季盛行海洋季风气候，高温多雨，冬季盛行大陆季风气候，寒冷干燥，我国长江流域以北东部地区属于这种气候。

寒带气候：即终年寒冷的极地气候。有两种类型，一种是最热月平均气温在0℃~10℃，冰雪可短期融化，并有少量雨水，可生长苔原植物，亦称"苔原气候"；另一种是最热月平均气温在0℃以下，冰雪终年不化，又称"冻原气候"或"永冻气候"，亚洲和北美大陆绝大部分地区属于这种气候。

按水平尺度的大小，气候可分为大气候、中气候与小气候。大气候是指全球性和大区域的气候，如热带雨林气候、地中海型气候、极地气候、高原气候等；中气候是指较小自然区域的气候，如森林气候、城市气候、山地气候以及湖泊气候等；小气候是指更小范围的气候，如贴地气层和小范围特殊地形下的气候，如一个山头或一个谷地的气候。

人类影响气候，气候也影响人类。短时间的气候变化，特别是极端的异常气候现象，如干旱、洪涝、冻害、冰雹、沙暴等，往往会造成严重的自然灾害，足以给人类社会带来毁灭性的打击。比如，20世纪40~50年代，孟加拉地区的暴雨灾害，引起了20世纪最大的饥荒，饿死人口达300~400万；1968—1973年，非洲干旱致使乍得、尼日尔、埃塞俄比亚的牲口损失70%~90%，仅在埃塞俄比亚的沃洛省就饿死20万人。

因气候剧变而产生的干旱

长期的气候变化，即使变化比较缓慢，也会使生态系统发生本质性的改变，使生产布局和生产方式完全改观，从而影响人类社会的经济生活。

百科小知识

天气和气候有什么区别？

天气是指相对快速的冷热改变或是暂时的冷热条件。气候则是指一般情况下具有的天气状况或长期存在的主要天气状况。区分清楚二者的不同是十分重要的，因为它们对人类行为的影响是不一样的。在研究天气对人的影响，控制一些文化和社会因素要比研究气候对人的影响时更难以控制。

1. 热带雨林气候

热带雨林气候又称"赤道多雨气候"，主要位于赤道两侧南北纬10°之间。这里终年高温多雨，各月平均气温在25℃～28℃，年降水量可达2 000毫米以上；季节分配均匀，无干旱期。

热带雨林气候主要分布在南美洲的亚马孙河流域；非洲的刚果河流域、几内亚湾、马达加斯加岛东部；亚洲的印度半岛西南沿海、孟加拉湾沿岸、马来半岛南部、中南半岛西海岸、菲律宾群岛和伊里安岛；大洋洲的苏门答腊岛至新几内亚岛一带、澳大利亚的东北部部分。

亚马孙河

热带雨林气候覆盖区域的太阳辐射年变化较小。一年内各月平均气温在24℃～28℃之间变化，年较差一般不超过5℃；尤其是大洋上，气温差通常不超过1℃；气温日变化比年变化大，日较差可达10℃～15℃，但日最高气温很少超过35℃，日最低气温很少低于20℃。

热带雨林气候全年湿度较高，相对湿度年平均达90%以上。这里降水充沛，

— 101 —

多伴有雷雨，年降水量达 1 500～3 000 毫米，山地最多达 6 000 毫米以上，如非洲喀麦隆代本贾的年降水量就达 9 470 毫米。热带雨林气候降水的季节分配比较均匀，但个别地区仍有显著差异，如非洲刚果河流域比亚洲和南美洲的热带雨林气候更具有大陆性气候特征；有的地方雨量较少，如加蓬的利伯维尔从 10 月至次年 5 月期间，月雨量为 200～300 毫米，而 6、7 份每月仅 5 毫米。另外，在大洋上也会出现干旱少雨地区，如太平洋上的莫尔登岛年降水量仅 730 毫米。在具有热带雨林气候的高山地区，气温较低，但年变化仍很小。这些地区从山麓到山顶，可以出现热带雨林到终年积雪的气候，呈现出类似从赤道到极地的各种自然景观，植物垂直分布最为丰富多彩。

热带雨林气候受诸多因素的影响，但主要受太阳辐射的影响。由于它处于赤道低压带范围内，信风在赤道附近聚集，辐合上升，所含水汽容易成云致雨。

热带雨林植物

热带雨林气候变化单调，全年皆夏，主要表现在：一般早晨晴朗，午前炎热，午后下雨，黄昏雨歇，天气稍凉。在世界同类型地区中，亚马孙平原的热带常绿雨林不仅面积最广，而且发育也最为充分和典型。

由于受地形、洋流和季风的影响，非洲的热带雨林仅局限在非洲刚果盆地的刚果河流域、几内亚湾沿岸地区。在成因上，非洲的热带雨林气候位于赤道附近受西南季风和几内亚暖流的影响，湿润的水汽将从河口深入到盆地内部，在赤道低气压的影响下，辐合上升，全年降雨丰沛。因此，流经这一地区的刚果河水量平稳，极利于航行。

亚洲的热带雨林地区大小岛屿星罗棋布地散落在海洋上，主要受太阳的辐射影响，加之海洋面积广阔，对流运动旺盛，这儿的雨林气候具有突出的海洋性特征。

有些地区虽然不受赤道低气压的影响，但由于大气环流和洋流的共同作用，有时热带雨林气候呈现出非地带性特征。如中国云南、台湾、海南及澳大利亚局部地区、马达加斯加岛和美国的佛罗里达半岛等地区的雨林的形成就与地形和洋流有密切的关系。马达加斯加岛山脉东部由于受南赤道暖流和东南信风的影响，暖湿气流沿着迎风坡爬升，尽管南回归线穿越其间，但东南沿海为热带雨林气候，中部为热

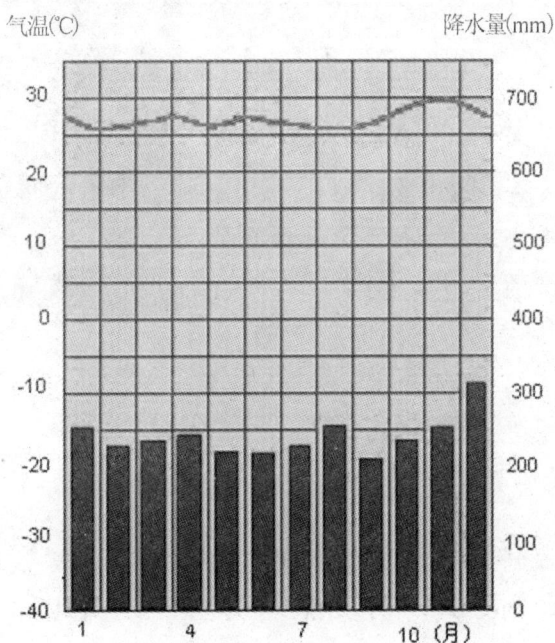

热带雨林气候

带高原气候，西部属热带草原气候。我国云南、台湾、海南以及美国的佛罗里达半岛等地区的雨林的形成都有类似的特征。

在赤道附近的东非高原，由于地形的缘故，形成热带草原气候，西海岸的刚果盆地以南的沿岸地区，受本格拉寒流和南赤道离岸流的影响，就形成了热带沙漠气候。同样是受寒流的影响，南美西海岸分布着世界上南北延伸最长、最靠近赤道的热带荒漠，气候干旱，气温较低。

百科小知识

我国冬季最冷和夏季最热的地方

我国冬季最冷的地方是黑龙江的漠河。每年的 1 月份，这里的平均气温为 -30.6℃；最冷曾经出现过 -52.3℃的极端最低气温，这是我国现有气象记录中的气温最低值。

我国夏季最热的地方是新疆的吐鲁番，每年 7 月份的平均气温为 33℃，人称"火洲"；极端最高气温曾经达到 49.6℃，这是我国现有气象记录中的气温最高值。

漠河

号称"三大火炉"的重庆、武汉和南京，虽然每年 7 月份的平均气温分别为 28.6℃、29.0℃和 28.2℃，但比起"火洲"吐鲁番的高温却差远了。

2. 热带草原气候

热带草原气候又称"热带干湿季气候"或"热带稀树草原气候"，大致分布在南北纬 10°至南北回归线之间，以非洲中部、南美巴西大部、澳大利亚大陆北部和东部最为典型。这种气候类型由于处于赤道低压带与信风带交替控制区，因此全年气温高，年平均气温约 25℃；当处于赤道低压带控制时期，赤道气团盛行，降水集中；在信风带控制时期，受热带大陆气团影响，干旱少雨，年降水量一般在700~1 000毫米，有明显的较长干季。这一区域的自然植被为热带稀树草原。

热带草原气候的特点是：分干、干两季，受赤道低气压带控制时，形成湿季；受信风控制时，形成干季。

热带草原气候因为受影响的因素复杂，形成原因也十分多样，主要有季风型、热带锋型、副高型、垂直地带性类型、背风坡型等类型。

季风型

在盛夏季节，季风性热带草原气候处于南北半球信风带的低纬度大陆上，会形成一个赤道西风环流。由于信风带的季节移动和大陆的加热作用，赤道低压槽移动时在大陆上的强度被加强。

在北半球的夏季时，南半球的东南信风向北越过赤道向右偏转，形成西南季风；南半球夏季时，北半球的东北信风向南越过赤道向左偏转，形成西北季风。这一现象，在从非洲经印度洋至太平洋西部一带最为显著。于是，就形成了这里终年高温、干季少雨、湿季多雨的气候特征，主要分布在撒哈拉以南地区。

热带锋型

热带锋型热带草原气候在夏季时，主要分布在广阔的热带太平洋东部，赤道西风气候特征不显著，且受到高大的安第斯山脉阻挡，来自太平洋的暖湿季风对南美洲的热带草原气候区的影响几乎没有。但来自陆上的西南季风和西北季风，分别与来自热带大西洋上、并掠过暖流上空的东北信风和东南信风在此辐合上升，形成热带锋。这一分布区域多对流雨，气候湿热。

在赤道以北的圭亚那高原、奥里诺科河流域和哥伦比亚北部，6月至10月潮湿多雨；赤道以南的巴西高原内部，10月至次年3月，降水丰富，形成湿季。冬季，两地分别受单一的东北信风和东南信风控制，干燥少雨，形成干季。

副高型

副高型热带草原气候主要分布于非洲的南非高原南部和大洋洲的澳大利亚南部，这里的气候有鲜明的副高型特征。

在南非高原，1月的南半球是夏季，大陆内部形成范围广大的热低压，暖湿的、掠过暖流上空的东南信风吹向大陆，为南非高原带来较多的降水，形成湿季；7月的南半球是冬季，且南非高原的平均海拔在1 000米以上，由于地势高，气温更低，大陆南部形成高压，并与东部的海上高压连在一起，受副热带高气压带控制，盛行下沉气流，加之陆上高压的存在，来自海洋上的信风影响程度减小，形成干季。

在澳大利亚南部由于全球气压带、风带的季节移动，夏季这里受南移的副高控制，盛行下沉气流，干燥少雨，形成干季；冬季受到北移的湿润西风控制，形成湿季。

垂直地带性类型

垂直地带性类型热带草原气候主要分布于东非高原上的赤道附近地区。本地区海拔达3 000米以上，由于这一区域地势较高，改变了这里的气温和降水状况；虽然这里气候暖和，但不能形成热带雨林气候。夏季，这里受到来自印度洋上的、掠过暖流上空的暖湿东南信风的影响，降水比较多，形成湿季。冬季，这里受单一、干燥的信风控制，降水少，且地面蒸发旺盛，形成干季。

背风坡型

背风坡型热带草原气候主要分布于澳大利亚大分水岭西部和马达加斯加岛西部，两地由于地处东南信风的背风坡，且受副高控制，降水量较少，但干湿季明显，形成热带草原气候。

每年夏季，南北纬10°至南北回归线之间的热带草原气候区，在一定程度上都受到受赤道低气压带的控制，地面树木稀疏，长着较高的草。

百科小知识

"二十四节气"的由来

"二十四节气"是中国古代订立的一种用来指导农事的补充历法，形成于春秋战国时期。它是根据地球绕太阳公转的轨道上的位置来划分一年的节气，反映季节的变化，用以指导农事活动。千百年来，这一古老历法一直影响着我国千家万户的衣、食、住、行。

早在春秋战国时代，我国人民就认识了日南至、日北至的概念。随后人们根据月初、月中的日月运行位置和天气

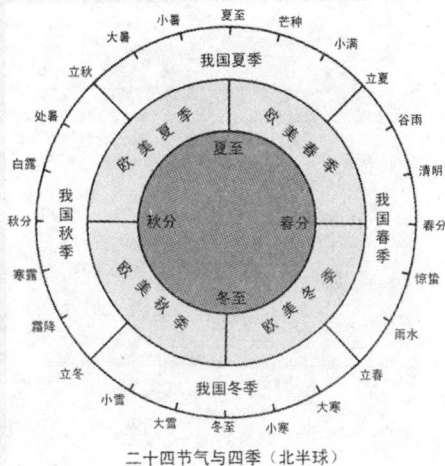

二十四节气与四季（北半球）

及动植物生长等自然现象，利用之间的关系，把一年平分为二十四等分，并给每等分取了个专有名称，这就是"二十四节气"。在战国后期成书的《吕氏春秋》"十二月纪"中，就有了立春、春分、立夏、夏至、立秋、秋分、立冬、冬至等八个节气名称。这八个节气，是二十四个节气中最重要的节气。这八个节气标示出季节的转换，清楚地划分出一年的四季。后来到了《淮南子》一书的时候，就有了和现代完全一样的"二十四节气"的名称。

3. 热带沙漠气候

热带沙漠气候也叫"热带干旱与半干旱气候"，分布于在南北回归线经过的内陆地区以及大陆的西岸地区，以非洲北部的撒哈拉沙漠地区、西南亚、澳大利亚中西部地区最为广阔。这一气候类型的主要特点是：降水量少而变率大、气温

高、温差大、蒸发强、相对湿度小和植物量少。

热带沙漠气候

　　热带沙漠气候区常年处在副热带高气压和信风的控制下，盛行热带大陆气团，气流下沉，因此炎热、干燥，有"世界热极"之称。这一区域降水极少，年降雨量不足 200 毫米，且变率很大，甚至多年无雨；加上日照强烈，蒸发旺盛，更加剧了气候的干燥性。

　　热带沙漠气候因为经常无云、风大、日照强、气温高、相对湿度小，因此蒸发力非常旺盛。可能蒸发量约为降水量的 20 倍以上，甚至达百倍。空气中的相对湿度很小，在埃及撒哈拉沙漠常出现 2% 左右的相对湿度。热带沙漠气候地带沙漠广布，生命比较少，只有零星的耐旱植物，比如仙人掌。在沙漠边缘地带会有灌木丛分布，植被类型为热带荒漠。

　　热带半干旱气候分布于热带干旱气候的外缘，它也有自己鲜明的特征：这一区域有一段短暂的雨季，年降水量可增至 500 毫米，但高纬地区的气温没有低纬地区的高。

　　世界上具有热带沙漠气候特征的主要城市有：沙特阿拉伯的利雅得和麦加、

卡塔尔的多哈、阿联酋的阿布扎比、伊拉克的巴士拉等；埃及的阿斯旺、阿尔及利的亚贝沙尔、毛里塔尼亚的努瓦克肖特、苏丹的苏丹港、纳米比亚的温得和克等；澳大利亚的艾丽斯斯普林斯和黑德兰港；美国的菲尼克斯、墨西哥的墨西卡利和埃莫西约；秘鲁的利马、智利的阿里卡和伊基克。

百科小知识

"世界热极"

巴士拉是伊拉克的第二大城市和主要港口，位于伊拉克东南部底格里斯河与幼发拉底河的西岸。

世界最热的地方——巴士拉

巴士拉是一座文明古城，自古以来就是阿拉伯文学、诗歌、科学、商业和金融中心。同时，这里还是伊拉克的石油出口中心。

巴士拉最高气温曾达到58℃，被称为"世界热极"。

"世界旱极"

伊基克是智利北部太平洋沿岸的港口城市，位于阿塔卡马沙漠北部的关塔哈亚山麓的一个半岛上，现为智利北部最大渔港。

这里气候干旱，年降雨量仅为2.5毫米，曾出现连续14年无降水的记录，被称为"世界旱极"。

4. 热带季风气候

热带季风气候主要分布于我国台湾省南部、雷州半岛、海南岛以及中南半岛、印度半岛的大部分地区和菲律宾群岛；此外，在澳大利亚大陆北部沿海地带也有分布。这里全年气温皆高，年平均气温在20℃以上，一年中最冷的月份温度一般也在18℃以上；年降水量大，旱季、雨季分明，降水集中在夏季。夏季，这一区域在赤道海洋气团控制下，多有对流雨，再加上热带气旋过境带来大量降水，因此造成比热带干湿季气候更多的夏雨；在一些迎风海岸，因地形作用，夏季降水甚至超过赤道多雨气候区，年降水量一般在1 500～2 000毫米以上。这个地区湿热的气候、丰沛的水汽，加上特殊的地形，造就了世界"雨极"乞拉朋齐。冬季，在干燥的东北季风控制下，降水稀少。

热带季风气候带的自然景观

本区热带季风发达，一年分为旱、雨两季。即北半球地区在冬季时吹东北风，形成干季；夏季时，来自印度洋上的东南风富含水汽，降雨较为集中，形成雨季。

热带季风气候是由海陆热力性质差异形成的。每年，来自蒙古西伯利亚高压的冷气团在南下过程中，受地转偏向力影响右偏为东北季风。气压带风带季节移动形成夏季风，南半球东南信风北移越过赤道，在地转偏向力的作用下右偏为西南季风。

热带季风气候带的植被以多年生草本植物为主，稀疏散布有乔木的热带旱生植被类型，是热带雨林和热带荒漠之间的过渡植被类型。草本植物为丛生禾草，叶狭根深；乔木矮生多枝，树冠扁平呈伞状。这些植被主要分布在非洲和南美洲。

百科小知识

"世界雨极"

乞拉朋齐位于南亚孟加拉湾北岸的布拉马普特拉河下游和恒河下游，坐落在东西走向的卡西丘陵南坡的一个袋形山坳中，即孟加拉国、印度东北部一带。

乞拉朋齐有一个地势较低的洼地。在雨季时，这

世界"雨极"——乞拉朋齐

里河水溃决，变成一片湖泽。西南气流先吹拂到这块积水的低地上，饱含了大量的水汽使乞拉朋齐降雨猛增。

20 世纪 60 年代初，乞拉朋齐一年里下了 20 447 毫米的雨量，因此赢得"世界雨极"的称号。在这里，每年的 5~9 月为雨季，月平均降雨的天数为 25~28 天，居世界首位。

5. 热带海洋性气候

热带海洋性气候常常出现于南、北纬10°~25°信风带大陆东岸及热带海洋中

的若干岛屿上。如中美洲的加勒比海沿岸、西印度群岛、南美洲巴西高原东侧沿海的狭长地带、非洲马达加斯加岛的东岸、太平洋中的夏威夷群岛和澳大利亚昆士兰沿海地带。这些地区常年受来自热带海洋的信风影响，终年盛行热带海洋气团，气候具有海洋性。气温年、日较差都小，但最冷月平均气温比赤道稍低，年较差比赤道多雨气候稍大，年降水量一般在 2 000 毫米以上，季节分配比较均匀。

太平洋岛屿绝大部分位于南北回归线之间，属于赤道多雨气候和热带海洋性气候。由于各岛面积都比较小，可以充分得到海洋的调节。

一般说来，太平洋岛屿的年均温在 26℃ ~ 28℃。除个别岛屿外，年均温很少有超过 29℃ 或低于 24℃ 的岛屿。赤道地带的年较差不超过 1℃，在纬度较高的地方超过 5℃，如新喀里多尼亚；仅太平洋西北部地带，因受季风影响，也有超过 10℃ 的地方。

太平洋各岛屿的降水差别很大，因纬度、地形和风的向背而有所不同。一般来讲，各岛年降水量在 1 000 毫米以上，在迎风山坡可达 2 000 ~ 4 000 毫米，甚至达 6 000 毫米。

热带海洋性气候的年平均降水量最高记录是在夏威夷群岛的考爱岛，高达 12 040 毫米。岛屿的背风坡年降水量少于 1 000 毫米。太平洋岛屿的降水类型多为对流雨和锋面雨，较高岛屿还有大量地形雨。

太平洋岛屿大多数地区属赤道多雨气候和热带海洋性气候，但在靠近亚洲和澳大利亚大陆地方，还受季风影响。在波利尼西亚的中部和密克罗尼西亚的加罗林群岛附近是台风主要源地，台风所经之处常使各岛上的建筑遭受严重破坏。

太平洋岛屿的气候暖热湿润，除部分珊瑚岛外，植物都比较繁茂。热带雨林广布美拉尼西亚，以棕榈科植物和树状羊齿类植物为主；降水少或有干季的地方森林被草原代替；在河谷和海滨有沼泽；在潮汐涨落的地区遍布红树林；在低平的珊瑚岛上，植被稀疏，多生长着露兜树、木麻黄和椰子树等。

由于太平洋岛屿的地理位置孤立，植物种类较少，而且多特有种。例如，夏威夷群岛的植物有 90% 以上是特有种，新喀里多尼亚岛的 2 500 种有花植物中 80% 是特有种。

百科小知识

故事中的气候与战争

《三国演义》是我国文学四大名著之一，书中关于诸葛亮巧借"东风"一回，说的就是气候知识的熟练运用。

赤壁之战前夕，周瑜调兵遣将，运筹帷幄；打黄盖，献连环计，为火烧曹军精心准备。突然间，他想起自己竟然疏忽了一件大事，一下子急出病来。诸葛亮借探病之机，挑明周瑜的病根是"只欠东风"，并应允借东风相助。周瑜为什么"欠"东风呢？因为赤壁古战场在我国东部季风区，当时正值隆冬，盛行西北风，极少刮东南风。曹营在江北，东吴在江南，用火攻反会烧了自家。周瑜焦急是有道理的，它符合气候规律性。而所谓"借"东风，其实是诸葛亮预测到冬至前后短时间天气反常现象，掌握天气的自然规律，从而取得了赤壁之战的最终胜利。"万事俱备，只欠东风"的成语故事至今仍被人们所津津乐道。

6. 地中海式气候

地中海式气候是亚热带、温带的一种气候类型。因为在地中海沿岸地区最典型而得名。它位于副热带纬度的大陆西岸，约在纬度 30°~40°，包括地中海沿岸、美国加利福尼亚州沿海、南美智利中部沿海、南非的南端和澳大利亚的南端。它处在热带半干旱气候与温带海洋性气候之间的过渡地带。

地中海式气候的分布具有广泛性，是唯一的除南极洲以外世界各大洲都有的气候类型。它是由西风带与副热带高气压带交替控制形成的，这些地区受气压带季节位移影响显著。夏季受副热带高气压控制，气流下沉，因而出大陆西部沿海地区受寒流影响外，气温十分炎热，下沉气流不利于兴云致雨，所以气候干燥；冬季受西风影响，气候温和湿润；全年雨量适中，年降雨量在 300~1 000 毫米，主要集中在冬季；下半年降水量只占全年降水的 20%~40%，最大月降水量是最小月降水量的 2 倍以上。

地中海式气候地区自然植被

地中海式气候的夏季温度在沿海和内陆有较大区别，沿海受冷洋流影响，温度较低，最热月在 22℃ 以下，空气比较潮湿，多雾，称为"凉夏型"；在内陆距海较远，海洋调节较小，空气干燥，暖热，最热月温度在 22℃ 以上，称为"暖夏型"。地中海式气候在高温时期少雨、低温时期多雨的气候特征，对植物十分不利。在生长季节，植物必须经过炎热干燥的锻炼，为了减少蒸发，自然植被多半是生长得短小的乔木和灌木等常绿硬叶林。

百科小知识

旅游胜地——摩纳哥

欧洲小国摩纳哥属于典型的地中海式气候，全年有 300 多天阳光普照，拥有丰富的旅游资源，是众人向往的袖珍王国。

摩纳哥的博彩业十分发达，赌博及所带动的服务等产业是摩纳哥的主要经济来源。由于国家太小，历史上摩纳哥曾先后成为西班牙和法国的"保护国"。

1911 年，摩纳哥成为独立的君主立宪国；1919 年，摩纳哥与法国签署条约，规定一旦国家元首逝世而无后裔，摩纳哥将并入法国。

7. 温带海洋性气候

温带海洋性气候分布于南、北纬40°~60°的大陆西岸地区，除亚洲、非洲和南极洲外，其余各大洲都有这一气候类型分布。其中，以欧洲大陆西部及不列颠群岛最为典型、分布面积最大。这种气候在美洲大陆西岸相应的纬度地带以及大洋洲的塔斯马尼亚岛和新西兰等地也有分布。

西欧位于北纬30°~40°，受偏西风的影响，从大西洋上吹来的水汽可以影响到该区域。西欧沿岸的北大西洋暖流很强大，温度湿度较高，沿岸又特别曲折，地中海、波罗的海等深入内陆，再加上西欧的地势低平，平原和山地皆呈东西走向，使西风和气旋等可深入内陆，扩大了大西洋影响的范围。而北美洲的地形呈西边高，中间底，东边略高；从太平洋上吹来的水汽被落基山脉阻挡，且有阿拉斯加暖流经过。所以西欧影响范围大，北美洲范围小。但在澳大利亚东南部，这里盛行东南信风，带来大量的水汽，长年不受季节影响，从而形成了温带海洋性气候。

温带海洋性气候景观

温带海洋性气候带终年处在西风带，深受海洋气团影响，冬无严寒，夏无酷暑；最冷月份平均气温在0℃以上，最热月份在22℃以下，气温年、日较差都小。全年都有降水，秋冬较多，年降水量在1 000毫米以上，在山地迎风坡可达2 000～3 000毫米以上。由于多气旋雨，降水强度很小，阴雨日极多，光照不足，不适宜于粮食作物生长，自然植被以阔叶落叶林与混交林为主。

温带海洋性气候的主要特点和大陆性气候相比，不仅气温的年变化和日变化小，而且极值温度出现的时间也比大陆性气候地区迟；降水量的季节分配较均匀，降水日数多、强度小；云雾频数多，湿度高。在温度年变化方面，春季冷于秋季，是海洋性气候的一个明显标志。最暖月出现在8月，甚至延至9月；最冷月为2月，在高纬度地区推迟到3月。人们通常把西北欧沿海地区作为大陆上海洋性气候的典型。

8. 温带大陆性气候

温带大陆性气候主要分布在南、北纬40°～60°的亚欧大陆和北美大陆内陆地区和南美南部。这一区域冬季在大陆性气候控制下，最冷月的平均气温，南部为0℃以下，北部接近-40℃。最热月的平均气温，南部为26℃～27℃，北部接近20℃。生长季南部约200天，北部仅50～70天。其中，最为典型的地区是我国西北、西伯利亚大部分、阿拉斯加与加拿大大部分以及美国五大湖附近。

由于这些地区远离海洋，湿润气团难以到达内陆，因而干燥少雨，气候呈极端大陆性，气温年、月较差为各气候类型之最，而且越趋向大陆中心，就越干旱，气温的年、日较差也越大，植被也由森林过渡到草原、荒漠。

温带大陆性气候包括温带沙漠气候、温带草原气候及亚寒带针叶林气候。它的基本特征是冬季严寒，受高压控制，最低温达-73℃；夏季南部7月平均气温达26℃～27℃，最高达33℃，北部接近20℃，最大年较差达62.3℃；终年受大陆气团控制，降水从南向北增加，年降水量从200毫米以下到400毫米左右，北部达300～600毫米。

温带大陆性气候自然植被由南向北从温带荒漠、温带草原过渡到亚寒带针叶林。温带半干旱气候对应植被类型为温带草原，典型土壤为黑钙土；温带干旱气候对应植被类型为温带荒漠，土壤是荒漠土。

9. 温带季风气候

温带季风性气候出现在北纬35°～55°左右的亚欧大陆东岸，包括我国东部秦岭—淮河一线以北地域、朝鲜半岛、日本的北部以及俄罗斯远东地区的南部。冬季，这里受来自高纬内陆偏北风的影响，盛行极地大陆气团，寒冷干燥；夏季，受极地海洋气团或变性热带海洋气团影响，盛行东和东南风；暖热多雨，雨热同季；年降水量在1 000毫米左右，约有2/3集中于夏季；全年四季分明，天气多变；随着纬度的增高，冬、夏气温变幅相应增大，而降水逐渐减少。

温带季风性气候带由于处于最大的大陆与最大的大洋之间，海陆热力性质差异显著。夏季亚欧大陆低压连成一片，海洋上副热带高气压西伸北进，从北太平洋副热带高气压散发出来的东南季风带来丰沛的降水；冬季强大的蒙古高压散发出来的西北季风影响本地。因风向切变符合季风要求，故为季风气候。

百 科 小 知 识

什么是季风?

季风是一种盛行风向随季节发生明显变化的风，受热带季风气候影响的地区叫"季风区"；反之，不受热带季风气候影响的地区叫"非季风区"。由于大陆及邻近海洋之间存在的温度差异而形成大范围盛行的、风向随季节有显著变化的风系，具有大气环流的特征。

现代气象学意义上的"季风"的概念是17世纪后期由哈莱首先提出来的，即季风是由太阳对海洋和陆地加热差异形成的，进而导致了大气中气压的差异。

10. 温带沙漠气候

温带沙漠气候指温带大陆腹地沙漠地区的气候，主要表现为极端干旱，降雨稀少，年平均降水量200～300毫米，有的地方甚至多年无雨；夏季炎热，白昼最高气温可达50℃或以上，冬季寒冷，最冷月平均气温在0℃以下，气温年较差较大，日较差也较大；云量少，相对日照长，太阳辐射强；自然景观多为荒漠，自然植物只有少量的沙生植物。其中，中亚和我国塔里木盆地属典型的温带沙漠气候。

温带沙漠气候

在世界范围内，温带沙漠气候带主要分布在南北回归线附近的副热带高压控制地区。这些地方气压高，天气稳定；风总是从陆地吹向海洋，海上的潮湿空气却进不到陆地上，因此雨量极少，非常干旱；地面上的岩石经风化后形成细小的沙粒堆积起来，就形成了沙丘，沙丘广布，就变成了浩瀚的沙漠。有些地方岩石风化的速度较慢，形成大片砾石，这就是人们常说的"荒漠"。

这些沙漠地带多半位于大陆内部，距海遥远且山地阻隔，地形闭塞。湿润的海洋气流难以到达，气候十分干燥而形成了沙漠，如中亚的卡拉库姆沙漠和克齐尔库姆沙漠、我国的塔克拉玛干沙漠和美国西部大漠等。在南半球，有澳大利亚大沙沙漠、吉布森沙漠、维多利亚大沙漠、智利北部阿塔卡马沙漠、南部非洲的卡拉哈里沙漠和纳米布沙漠。

　　我国沙漠自西而东分布在不同的自然地带，由于所处的自然条件不同，各个沙漠的特征十分明显：自西向东流沙逐渐减少，固定、半固定沙丘逐渐增多。我国的沙漠主要有塔克拉玛干沙漠、古尔班通古特沙漠、巴丹吉林沙漠、腾格里沙漠、柴达木沙漠及面积较小的库姆塔格沙漠、毛乌素沙地、浑善达克沙地、科尔沁沙地和库布齐沙漠，总面积约 60 万平方千米；其中，塔克拉玛干沙漠的面积为 33.76 万平方千米，占我国沙漠面积的一半。

塔克拉玛干沙漠

　　沙漠是干燥气候的产物，干燥少雨是沙漠形成的必要条件。从整个地球来看，干燥气候区域的形成，主要与纬度、大气环流等因素有关。在南北纬 15°～35°，是副热带高压带控制的范围，终年为信风吹刮的区域。在高压带内的空气具有下沉作用，空气下沉时形成绝热增温，使相对湿度减小，空气非常干燥。信风是由副热带高压带吹向赤道低压带的稳定风向，它在吹向赤道的过程中不断增热；空气越热，消耗的水量也就越大，结果使它成为十分干燥的旱风。在副热带高压带控制区，大气很稳定，湿度低，少云而寡雨，成为地球上雨量稀少的干旱区。世界上多数大沙漠都分布在这里，如北非的撒哈拉沙漠、西南亚的阿拉伯沙漠、南美的阿塔卡马沙漠等，因此，有"回归沙漠带"之称。

我国沙漠位于北纬35°～50°之间的温带地区。而我国与世界上沙漠带同纬度的华南地区，不但没有沙漠，相反却是温暖湿润，终年常青；无论是平原还是山区，到处是一片郁郁葱葱。

百科小知识

我国的气候之最

1月平均气温最低的地方——漠河（-30.6℃）

1月平均气温最高的地方——南海西沙（22.8℃）

7月平均气温最低的地方——青藏高原的伍道梁（5.5℃）

7月平均气温最高的地方——吐鲁番盆地（33℃）

极端气温最高的地方——吐鲁番盆地（49.6℃）

极端气温最低的地方——漠河（-52.3℃）

气温年较差最大的地方——黑龙江省的嘉荫（49.2℃）

气温年较差最小的地方——南海西沙（6.1℃）

全年平均气温最低地方——青藏高源的伍道梁（-5.8℃）

全年平均气温最高的地方——南海西沙（26.4℃）

冬至日，昼最短、夜最长的地方——漠河（昼长：7时30分，夜长：16时30分）

夏至日，昼最长、夜最短的地方——漠河（昼长为16时30分，夜为7时30分）

年平均降水量最多的地方——台湾的火烧寮（6 558毫米）

年平均降水量最少的地方——吐鲁番盆地的托克逊（5.9毫米）

年平均降水天数最多的地方——峨眉山（264天）

年平均降水天数最少的地方——新疆民丰安得河（9.6天）

11. 亚寒带针叶林气候

亚寒带针叶林气候又称为"副极地大陆性气候"，主要分布在亚欧大陆和北美洲北部，大约在北纬50°~65°以北地区。由于这里空气中的水汽含量不多，蒸发又弱，所以仍属于湿润气候。

亚寒带针叶林气候带冬季漫长严寒，月平均气温在0℃以下；夏季短促温暖，月平均气温在10℃以上；这一区域的年降水量为300~600毫米，由于蒸发弱，相对湿度较高，气温年较差大。由于本区为极地大陆气团的源地且纬度高，冬季黑夜时间长，正午太阳高度角小，又有积雪覆盖，地面辐射冷却剧烈，受不到海洋气团的调节；气候带东西延伸成宽广的带状，因纬度较高，故冬季漫长而严寒；暖季短促，气温年较差特别大；降水稀少，集中于夏季，但气温低、蒸发弱，相对湿度却很高。

自然植被为针叶林。降水集中于夏季是因为夏季温度较高，空气中水汽含量较多，有气旋雨和对流雨；冬季温度低，水汽含量小，又受下沉的大陆反气旋控制，所以冬季降水少。亚寒带针叶林气候的森林资源丰富，林业发达。

亚寒带针叶林气候全年受极地大陆气团和极地海洋气团影响，冬季还受到冰洋气团影响。

亚寒带针叶林中的动植物主要为耐寒的落叶松、云杉、针叶林等针叶树，树叶呈细长针状，有很厚的角质层，为世界重要的用材树种。其他树种比较单一，不像热带雨林里植物种类那样繁多。动物多长着很厚的皮毛，如熊、狐、松鼠等。其中，典型动物有驯鹿、紫貂等。

12. 山地气候

山地气候是受高度和山脉地形的影响所形成的一种地方气候，主要影响因素为海拔高度、山脉走向、坡向和地形。

山地气候的主要特点：

（1）大气压力按指数律随海拔高度增加而降低。在晴空条件下，无雪盖的高山白天太阳直接辐射强度和夜间有效辐射强度随高度增加而增大。由于坡向不同，阳坡和阴坡得到的太阳辐射不同，并因此影响气温和气流的分布。

（2）气温随海拔高度增加而降低。一般气温垂直递减率在一年中以夏季最大、冬季最小。山脉走向和坡向对气温的影响主要表现在使山脉两侧的气温产生差异，并导致不同的气候现象。阳坡气温高，变化大；阴坡气温低，变化小。山顶和山坡的气温日较差和年较差相对较小，而且有秋天气温高于春天气温的现象，山谷和山间盆地的气温日较差和年较差相对较大，而且有春天气温高于秋天气温的现象。

（3）降水量和降水日数随山地海拔高度增加而增加。在一定高度以上的山地，由于气流中水汽含量减少，降水量又随高度增加而减少。降水量达到最大值的高度称为"最大降水高度"。坡向对降雨的影响表现为迎风坡雨量多于背风坡。特别是高大山脉两侧，雨量的巨大差异造成植被景观的很大变化。例如，北美西海岸科迪勒拉山系中南部处于温带西风带，迎风的西侧为森林景观，而背风的东侧为荒漠或半荒漠景观。山地地形也影响降雨量的日变化。一般山脉顶部以日雨为多，而山谷盆地则以夜雨为主。

（4）风速随山地海拔升高而增大。山顶、山脊以及峡谷风口处风速大，盆地、谷底和背风处风速小。高山上风速一般夜间大，白天小，午后最小，而山麓、山谷则相反。山地还能产生一些局地环流，如山谷风、布拉风、焚风、坡风、冰川风等（见地方性风）。

（5）在湿度方面，水气压随海拔高度增加而降低。在多数情况下，山地上部因气温低、云雾多，相对湿度高于下部，但冬季高山区也有相反情况，山顶冬季云雾较少而相对湿度小。山谷和盆地相对湿度日变化大，夜高而昼低，午后最低。山顶相对湿度日变化一般很小。

13. 寒带气候

极地苔原气候

极地苔原气候也称为"极地长寒气候"，主要分布在北美大陆和亚欧大陆的背部边缘、格陵兰岛沿海的一部分及北冰洋中的若干岛屿；在南半球则分布在马尔维纳斯群岛、南设德兰群岛和南奥克尼群岛等地。

极地苔原气候的植被

极地苔原气候常受冰洋气团和极地大陆气团影响，终年严寒。一年中只有1~4个月月平均气温在 1℃~10℃，最热月平均气温 1℃~5℃，冬季酷寒而漫长；降水少，全年蒸发弱，云量较高，年降水量约为 200~300 毫米，以雪为主，地面有永冻层，自然植被主要是苔藓、地衣类低等植物

极地冰原气候

极地冰原气候分布在极地及其附近地区，包括格陵兰岛、北冰洋的若干岛屿和南极大陆的冰原高原。

这里是冰洋气团和南极气团的发源地，整个冬季处于极夜状态，夏半年虽是极昼，但阳光斜射，所得热量微弱，因而气候全年严寒，各月温度都在 0℃ 以下；南极大陆的年平均气温为 -25℃，是世界上最寒冷的大陆，20 世纪 60 年代挪威人曾测得这里有 -94.5℃的绝对最低气温，堪称为"世界寒极"。

极地冰原气候

极地冰原气候带地面多被巨厚冰雪覆盖，又多凛冽风暴，植物难以生长。

第四节　光怪陆离——地理与气候现象

在人类生存的这个蓝色星球上，由于地理环境的多样性和气候分布的特殊性，形成和造就了多彩多姿的地理和气候现象。

1. 对流雨

对流雨是指大气对流运动引起的降水现象，习惯上也叫"热雷雨"。由于接近地面层的空气受热或高层空气强烈降温，促使低层空气上升，水汽冷却凝结，就会形成对流雨。

对流雨来临前常有大风发作，大风可拔起直径达 50 厘米的大树，并伴有闪电和雷声，有时还会下冰雹。

对流雨主要产生在积雨云中，积雨云内冰晶和水滴共存，云的垂直厚度和水汽含量特别大，气流升降都十分强烈，可达 20～30 米/秒，云中带有电荷，所以积雨云常发展成强对流天气，产生大暴雨。雷击事件、大风拔木、暴雨成灾常常发生在这种雷暴雨中。

对流雨成因示意图

对流雨在形成过程中，天空的淡积云云层薄，含水量少，一般有雨落到地面；浓积云在中高纬度地区很少降水，但是在低纬度地区，因为含水量丰富，对流强烈，有时可以产生降水。

对流雨以低纬度最多，降水时间一般在午后，特别是在赤道地区，降水时间非常准确。早晨天空晴朗，随着太阳升起，天空积云逐渐形成并很快发展，越积越厚；到了午后，积雨云汹涌澎湃，天气闷热难熬，大风掠过，雷电交加，暴雨倾盆而下，降水延续到黄昏时停止；雨后天晴，天气稍觉凉爽，但是第二天，又重复有雷阵雨出现。在中高纬度，对流雨主要出现在夏半年，冬半年极为少见。

在赤道地带，全年以对流雨为主。我国对流雨最多的地区是海南岛和南岭山区。就季节而言，以夏季最多，春季和秋季次之；就日变化而言，陆上尤其是平原地区多出现在下午到傍晚，海上和盆地区域多出现在夜间；相对而言，海洋上的对流雨比大陆上少。

2. 梅　雨

梅雨是指一定地区和一定季节内发生的气候现象。这种气候现象主要出现在北纬20°~40°的欧亚大陆，为副热带高压和西风带交替控制的地带。

梅雨是东亚地区特有的天气气候现象，在世界上，只有我国长江中下游两岸以及日本东南部和朝鲜半岛最南部有黄梅出现。

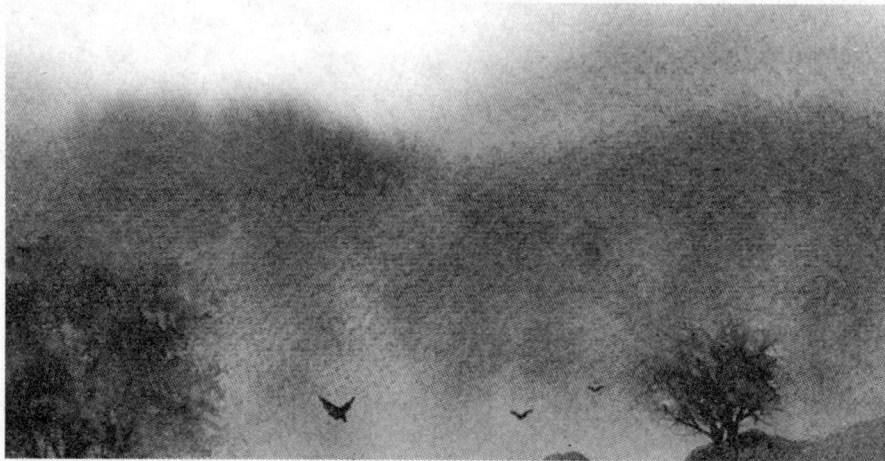

梅雨天气

同纬度的美国东岸中纬地带，夏季前后就不会出现长时期的阴雨天气，人们从未有长期天气闷热之感，发霉现象难以出现。可见，在同一纬度上降水季节迥然不同。

我国长江中下游地区，梅雨季节通常发生在每年的6月中旬到7月上旬前后。每到这时天空连日阴沉，降水连绵不断，时大时小。因此，我国南方流行着"雨打黄梅头，四十五日无日头"的谚语。持续连绵的阴雨、高温潮湿的环境是梅雨的主要特征。

在烈日炎炎的夏季，亚洲大陆东岸由于受副热带高压西侧控制，下沉空气原来就也较干，但从暖湿海面吸收大量水汽带来丰沛的降水，产生了副热带湿润气候。在这里，海陆对比十分强烈，形成了独特的季风气候。最显著的特点是夏雨冬干，雨量集中在夏季，恰与地中海式气候相反。

梅雨锋暴雨

梅雨锋暴雨是不同尺度环流系统相互作用下形成的一种特定地区的特殊天

气。它是我国东部地区主要雨带北移过程中在长江流域停滞的结果，梅雨结束，盛夏随之到来。这种季节的转变以及雨带随季节的移动，年年大致如此，已形成一定的气候规律性。但是，每年的梅雨并不完全一致，存在很大的年际变化。

梅雨时节的暴雨天气

梅雨时节与大气环流的变异性，导致各年梅雨期开始的时间也不同。有的年份，梅雨锋特别活跃，暴雨频繁，造成洪涝灾害；有的年份，梅雨锋不明显，出现"空梅"，形成干旱天气；有的年份，会出现梅雨带北移后又返回江淮流域再度维持相对稳定的现象，习惯上称"倒黄梅"。我国江淮流域梅雨结束后，雨带移至华北地区，江淮流域进入高温少雨天气。

在气象上，人们把梅雨开始和结束的时间，分别称为"入梅"或"立梅"和"出梅"或"断梅"。我国长江中下游地区，平均每年6月中旬入梅，7月上旬出梅，历时20多天。但是对各具体年份来说，梅雨开始和结束的早晚、梅雨的强弱等，存在着很大差异。因而使得有的年份梅雨明显，有的年份不明显，甚至产生"空梅"现象。

正常梅雨

正常梅雨是指我国长江中下游地区正常的梅雨季节，约在6月中旬开始，7月中旬结束，也就是出现在芒种和夏至两个节气内。梅雨期长约20～30天，雨量在200－400毫米。从小暑前后起，我国的主要降雨带就北移到黄淮流域，进而到达山东和华北一带。长江流域由阴雨绵绵、高温高湿的天气开始转为晴朗炎热的盛夏。据统计，这种正常梅雨，大约占梅雨总数的一半左右。

早梅雨

有的年份，梅雨开始得很早，在每年的 5 月底至 6 月初就会突然到来。在气象上，人们通常把芒种以前开始的梅雨统称为"早梅雨"。早梅雨会带来一些反常的现象。例如，由于在梅雨刚刚开始的一段时间内，靠近地面的大气层里，从北方南下的冷空气活动频繁，因此阴雨开始之后，气温还比较低，甚至有冷飕飕的感觉。农谚说"吃了端午棕，还要冻三冻"就是这个意思；同时也没有明显的潮湿现象。长江中下游部分地区的人们，把这一段温度比较低的黄梅雨称为"冷水黄梅"。以后，随着阴雨维持时间的延长、暖湿空气加强，温度会逐渐上升，湿度不断增大，梅雨固有的特征也就越来越明显了。

梅雨成灾

早梅雨的出现机会，大致上是十年一遇。这种早梅雨往往呈现两种情形。一种是开始早，结束迟，甚至拖到 7 月下旬才结束，雨期长达四五十天，个别年份长达 2 个月。另一种是开始早，结束也早，到 6 月下旬，长江中下游地区就进入了盛夏，由于盛夏提前到来，常常造成长江中下游地区不同程度的伏旱天气。

迟梅雨

同早梅雨相反的是姗姗来迟的梅雨，在气象上通常把 6 月下旬以后开始的梅雨称为"迟梅雨"。迟梅雨出现的机会比早梅雨多。由于迟梅雨开始时节气已经比较晚，暖湿空气一旦北上，势力很强，同时，太阳辐射也比较强，空气受热后，容易出现激烈的对流，因而迟梅雨常常多雷雨、阵雨天气。人们也把这种黄梅雨称为"阵头黄梅"。

迟梅雨的持续时间一般不长，平均只有半个月左右。不过，这种梅雨的降雨量有时却相当集中。

特长梅雨

20世纪50年代，我国江淮流域出现了百年一遇的特大洪水。而这次大水，就是由持续时间特别长的梅雨造成的。这一年，长江中下游的梅雨开始之前的5月下半月春雨已经很多，梅雨又来得很早，6月初就开始了。天气一直阴雨连绵，并且不时有大雨、暴雨出现，维持的时间特别长，直到八月初才出梅。当阴雨结束转入盛夏天气时已经临近立秋了。这一年整个梅雨期长达两个月，连同5月份的春雨，则达到两个半月以上。这一年长江中下游地区5~7月的雨量都达到800~1 000毫米，接近该地区正常年份全年的雨量；部分地区，雨量多达1 500~2 000毫米，相当于同一地区一年半的雨量，导致洪水泛滥成灾。这种罕见的大水常常是与异常梅雨联系在一起的。像20世纪90年代末长江流域的特大洪水，也是特别长的梅雨天气所造成的。

短梅和空梅

同特别长的梅雨完全相反的是，有些年份梅雨非常不明显。这一时期的梅雨在长江中下游地区停留十来天以后，就转向北面去了，而且这段时间里的雨量也不大，这种情况称为"短梅"。甚者有些年份从初夏开始，长江流域一直没有出现连续的阴雨天气。多数日子的白天晴朗暖和，早晚非常凉爽，出现了"黄梅时节燥松松"的天气。这段凉爽的天气一过，接着就转入了盛夏。这样的年份称为"空梅"。

短梅和空梅的出现机会，平均每10年出现1~2次。短梅和空梅的年份，常常有伏旱发生，有些年份还可能造成大旱。

倒黄梅

有些年份，长江中下游地区黄梅天似乎已经过去，天气转晴，温度升高，出现盛夏的特征。可是，几天以后，又重新出现闷热潮湿的雷雨、阵雨天气，并且维持相当一段时期。这种反复轮回的梅雨现象被称为"倒黄梅"。

一般说来，倒黄梅维持的时间不长，短则一周左右，长则十天半月。但是在倒黄梅期间，由于多雷雨阵雨，雨量往往相当集中，这是需要注意的。由于倒黄梅属于梅雨的一种，它在结束之后，通常都转为晴热的天气。

黄梅雨实际上是多种多样的，它们之间的差别，有时还是相当悬殊的。梅雨最长的年份持续两个多月，可以引起罕见的大水，而短的年份仅仅几天，还有的甚至出现空梅，带来严重的干旱。

梅雨是一种复杂的气候现象，相对正常梅雨而言，早梅、迟梅、特别长的梅雨、空梅以及严重的倒黄梅，都属于异常梅雨。

百 科 小 知 识

"梅雨"名称的由来

"梅雨"的名称源于我国的一个气象名词。初夏季节，我国江淮流域一带经常出现一段持续较长的阴沉多雨天气。此时，器物容易发霉，因而称做"霉雨"。在江南地区，这时正值梅子成熟之时，所以也称为"梅雨"或"黄梅雨"。梅雨季节开始的一天称为"入梅"，结束的一天称为"出梅"；而雨带停留时间称为"梅雨季节"。

梅雨在我国史籍中记载较多。早在汉代，就有不少关于黄梅雨的谚语；在晋代已有"夏至之雨，名曰黄梅雨"的记载；自唐宋以来，唐代文学家柳宗元曾写过"梅实迎时雨，苍茫值晚春"的诗句，其中的"梅实迎时雨"，就是指梅子熟了以后，迎来的便是夏至节气后"三时"的"时雨"。现在，气象上的梅雨是泛指初夏季节向盛夏过渡时的一段阴雨天气。

3. 厄尔尼诺现象

"厄尔尼诺"一词来源于西班牙语，原意是"圣婴"，表示在圣诞节前后秘鲁和厄瓜多尔沿岸海水的增温；现在科学上用来表示空间尺度为几千米、时间尺度为几个月的赤道东太平洋地区海水的异常增暖现象。当这种现象发生时，大范围的海水温度可比常年高出 3℃ ~ 6℃。太平洋广大水域的水温升高，改变了传统的赤道洋流和东南信风，导致全球性的气候反常。

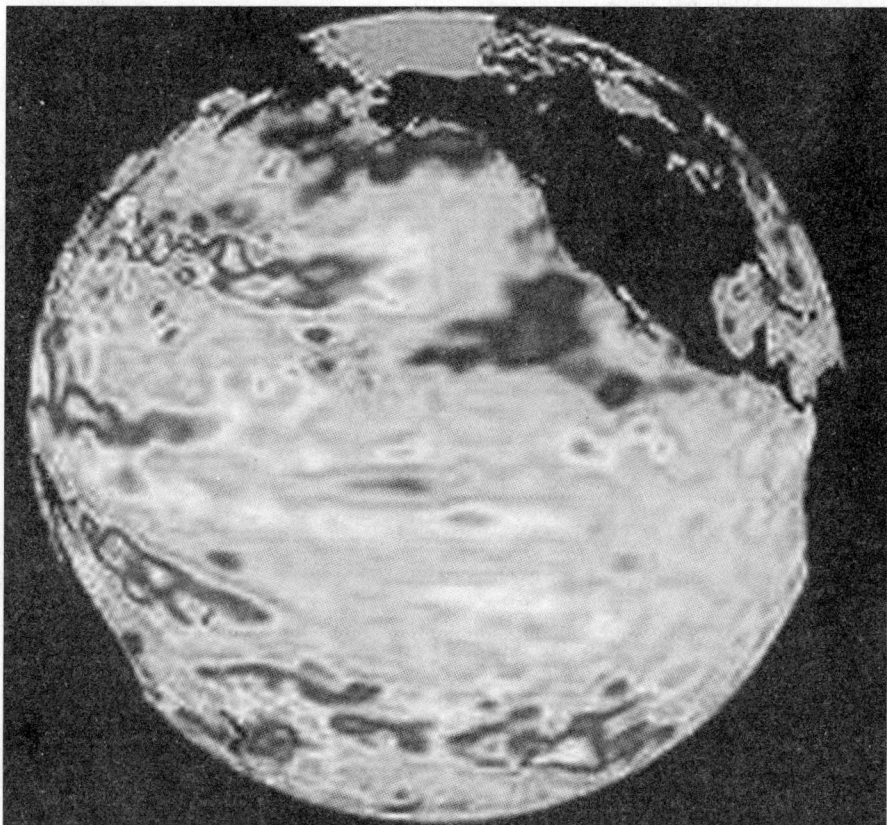

厄尔尼诺现象气象图

流经南美沿岸的秘鲁海流是一支冷洋流，在几乎与秘鲁海岸平行的东南信风的吹送下，表层海水离岸外流，深层海水上涌补充，同时将营养盐类携带到海水上层，吸引大量秘鲁沙丁鱼等冷水性鱼类在这里繁衍、栖息，使这里成为著名的东南太平洋渔场。在某些年份，东南信风暂时减弱，太平洋赤道逆流的南支越过赤道沿厄瓜多尔沿岸南下，使厄瓜多尔和秘鲁沿岸水温迅速升高，冷水性浮游生物和鱼类因未适应新的环境而大量死亡，秘鲁、厄瓜多尔沿海出现多雨，水灾频仍，对当地的生态系统带来很大灾难。

由于沿海水温上升在圣诞节前后最为激烈，秘鲁居民将这种海水温度季节性上升的现象称为"厄尔尼诺现象"。

厄尔尼诺现象是太平洋赤道带大范围内海洋和大气相互作用后失去平衡而产生的一种气候现象。正常情况下，热带太平洋区域的季风洋流是从美洲走向亚洲，使太平洋表面保持温暖，带来热带降雨。但这种模式每 2~7 年被打乱一次，使风向和洋流发生逆转，太平洋表层的热流就转而向东走向美洲，随之便带走了热带降雨，出现厄尔尼诺现象。

厄尔尼诺现象导致的干旱

厄尔尼诺现象的基本特征是太平洋沿岸的海面水温异常升高，海水水位上涨，并形成一股暖流向南流动。它使原属冷水域的太平洋东部水域变成暖水域，结果引起海啸和暴风骤雨，造成一些地区干旱，另一些地区又降雨过多的异常气候现象。

厄尔尼诺现象发生时，由于海水温度的异常增高，导致海洋上空大气层气温升高，破坏了大气环流原来正常的热量、水汽等分布的动态平衡。这一变化往往伴随着出现全球范围的灾害性天气。据不完全统计，20 世纪以来出现的厄尔尼诺现象已有 17 次。它发生的季节并不固定，持续时间短的为半年，长的一两年，强度也不一样。1982—1983 年发生的厄尔尼诺现象较强，持续时间长达两年之久，使得灾害频发，造成大约 1 500 人死亡和至少 100 亿美元的财产损失。

最近的一次厄尔尼诺现象发生在 20 世纪 90 年代末。1997 年 3 月起，东太平洋海面出现异常增温；7 月，海面温度已超过以往任何时候，由此引起的气候变化已在一些地区显露出来。多种迹象表明，赤道东太平洋的冷水期已经结束，海水开始向暖水期转换。新一轮厄尔尼诺现象开始形成，并将持续到 1998 年。

厄尔尼诺现象

在南部非洲，厄尔尼诺现象带来了自 1997 来最严重的干旱，并使大约 500 万人口面临饥荒的威胁；在西太平洋地区，厄尔尼诺现象抑制了降雨，使印度尼西亚和巴布亚新几内亚陷入了干旱并引起森林火灾；东太平洋沿岸的国家智利、秘鲁、厄瓜多尔、阿根廷、乌拉圭和巴西东部则遭受了暴风雨和雪灾。其中，智利全国 13 个大区中有 9 个遭受水灾，灾民超过 5.1 万。在阿根廷和智利边境地区，安第斯山区积雪最深达 4 米，公路被阻，人员被围。在厄瓜多尔沿海地区，更是山洪暴发，造成成千上万的人无家可归。而引起这一海洋生物灾难的是秘鲁寒流北部海区的厄尔尼诺暖流。在厄尔尼诺现象发生的年份，这股暖流的活力增强，它受南美大陆的阻挡之后，就会流向南方秘鲁寒流所在的地区，使这里的海水温度骤然上升 3℃ ~ 6℃。于是，以鱼类作食物的海鸟、海兽因找不到食物而相继饿死或迁徙。灾难最严重的几天，秘鲁首都利马外港卡亚俄海面和滩地上到处是鱼类、海鸟及其他海洋动物的尸骸。

厄尔尼诺现象引发暴雨成灾

　　1997 年新一轮的厄尔尼诺现象也影响到了我国。最明显的表现是厄尔尼诺现象使来自东南部海洋上的夏季风强度减弱，造成夏季降雨带的位置偏南，我国南方暴雨成灾、北方干旱严重的异常现象。6—8 月，我国北方大部分地区都出现异常高温。1998 年夏季，我国长江流域的特大暴雨洪涝就与厄尔尼诺现象密切相关。厄尔尼诺现象强大的影响力一直从 1997 年上半年延续至 1998 年上半年。1998 年，全球年平均气温达到 14.5℃，创下有现代气象记载以来的最高纪录；而我国那年也遭遇了历史罕见的特大洪水，这一年被称为"20 世纪最强烈的厄尔尼诺现象"。

　　随着观测手段的进步和科学的发展，人们发现厄尔尼诺现象不仅出现在南美等国沿海，而且遍及东太平洋沿赤道两侧的全部海域以及环太平洋国家；有些年份，甚至印度洋沿岸也会受到厄尔尼诺现象带来的气候异常的影响，发生一系列自然灾害。总的来看，厄尔尼诺现象使南半球气候更加干热，使北半球气候更加寒冷潮湿。

厄尔尼诺现象肆虐

近年来，科学家对厄尔尼诺现象又提出了一些新的解释，如厄尔尼诺可能与海底地震、海水含盐量的变化以及大气环流变化等有关。

4. 拉尼娜现象

"拉尼娜"意为"女孩"，拉尼娜现象是指赤道附近东太平洋水温反常变化的一种现象。拉尼娜现象是由厄尔尼诺现象造成的庞大冷水区域在东太平洋浮出水面后形成的。它的特征与厄尔尼诺现象相反，也被称为"反厄尔尼诺现象"。

拉尼娜现象具体表现为东太平洋明显变冷，同时也伴随着全球性气候混乱，总是出现在厄尔尼诺现象之后。拉尼娜现象的征兆是飓风、暴雨和严寒，它与厄尔尼诺现象都会使全球气候出现严重异常。在太平洋中东部海域，东信风将表面被太阳晒热的海水吹向太平洋西部，致使西部比东部海平面增高将近 60 厘米，西部海水温度增高，气压下降，潮湿空气积累形成台风和热带风暴，东部底层海水上翻，致使东太平洋海水变冷。海水表层温度低出气候平均值0.5℃以上，且持续时间超过6个月以上。

拉尼娜现象

当太平洋上空的大气环流变弱时，风将海水吹不到西部；太平洋东部海水变暖，就会出现厄尔尼诺现象；但当大气环流变得异常强烈时，这里就产生拉尼娜现象。一般情况下，拉尼娜现象常会随着厄尔尼诺现象而来。如果太平洋周围再第一年出现了厄尔尼诺现象，那么第二年这一区域都会出现拉尼娜现象。有时拉尼娜现象会持续两三年。

20世纪80年代末和90年代末都发生了强烈的拉尼娜现象，但总的来说，由于全球变暖的趋势，拉尼娜现象有减弱的趋势。

拉尼娜现象究竟是怎样形成的？由于厄尔尼诺现象与赤道中、东太平洋海温的增暖、信风的减弱相联系，而拉尼娜现象却与赤道中、东太平洋海温度变冷、信风的增强相关联。因此，拉尼娜现象实际上是热带海洋和大气共同作用的产物。

海洋在运动过程中，表层的运动主要受海表面风的牵制。信风的存在使得大量暖水被吹送到赤道西太平洋地区，在赤道东太平洋地区暖水被刮走，主要靠海面以下的冷水进行补充，赤道东太平洋海温比西太平洋明显偏低。当信风加强时，赤道东太平洋的深层海水向上翻滚现象更加剧烈，导致海表温度异常偏低，使得气流在赤道太平洋东部下沉，而气流在西部的上升运动更为加剧，有利于信风加强；这一现象进一步加剧了赤道东太平洋冷水发展，引发所谓的"拉尼娜现象"。

2007年，我国气候呈现出多样化趋势。在拉尼娜现象影响下，赤道东太平洋水温偏低，东亚经向环流异常，造成入春以来我国北方地区偏北气流盛行，而东南暖湿气流相对较弱。于是，北方强寒潮大风频繁出现，而降雨量却持续偏少，气温也居高不下。据统计，这一年北方地区的风沙天气十分频繁，3—4月一共出现了12次大范围扬沙和沙尘暴天气，影响范围包括西北、华北、东北西部、黄淮地区，甚至波及江淮地区；5月份，西北地区又出现了3次区域或局部地区沙尘暴天气，为近50年来同期所罕见。

从公元300年以来，我国一共出现过5个沙尘事件频发期，每个周期持续90年左右。近10年来，我国沙尘现象又呈现出明显增加的趋势。

虽然拉尼娜现象的强度和破坏程度不如厄尔尼诺现象，但它也对全球气候会产生十分广泛的影响。随着厄尔尼诺现象的消失，拉尼娜现象的到来，全球许多地区的天气与气候灾害也将发生转变，但也将给全球许多地区带来灾害。

百科小知识

什么是信风？

信风是指在地空从副热带吹向赤道低气压带的风。很久以前住在南美洲的西班牙人，利用这恒定的偏东风航行到东南亚开展商务活动。因此，信风又被称为"贸易风"。

由于地球自转所形成的地转偏向力在北半球总使空气运动向右偏，在南半球向左偏，因此，南北半球信风的风向很不一致。在北半球，风从东北刮向西南，称"东北信风"；在南半球，风从东南向西北刮，称"东南信风"。

5. 龙卷风

龙卷风是一种威力十分强大的旋风。虽然它的范围很小，一般只有二三百米，大的也不过两千米，但它的破坏力却很大。

龙卷风的风速快达每秒100多米，甚至超过每秒200米，比台风的速度还要大得多。它的样子很像一个巨大的漏斗或大象的鼻子，从乌云中伸向地面。它往往来得非常迅速而突然，并伴有巨大的轰鸣声。

龙卷风内部的空气很稀薄，压力很低，就像一只巨大的吸尘器，能把沿途的一切都吸到它的"漏斗"里，直到旋风的势力减弱变小或随龙卷风内的下沉气流下沉时，再把吸来的东西抛下来。因此，龙卷风对人、畜、树木、房屋等生命财产均有很大的破坏作用。

龙卷风

龙卷风的内部气压很低，因此当它经过紧闭门窗的房屋附近时，能使房屋内外产生极大的气压差（内大外小），从而使房屋的屋顶和四壁受到一个由里向外的巨大作用力。这种突然施加的内力会把屋顶掀掉，四壁倒塌。犹如从内部发生了大爆炸一样。因此，当龙卷风袭来时，最好打开门窗，使得房子内外的气压很快得到平衡。

龙卷风形成的原因目前尚无定论。一般认为，在夏季对流运动特别强烈的雷雨云中，上下温差很大。当强烈上升气流到达高空时，如遇到很大的水平方向的风，就会迫使上升气流向下倒转，结果就会产生许多小涡旋。经过上下层空气进一步的激烈扰动，这些涡旋便会逐渐扩大，形成一个呈水平方向的空气旋转柱。然后，这个空气旋转柱的一端渐渐向下伸出云底呈漏斗状，这就是龙卷。有的龙卷风只有一个漏斗，有的有几个漏斗；有的只有几秒钟，有的可长达几小时。

龙卷风可以发生在水面上和陆地上。发生在水面上的叫"水龙卷"，发生在陆地上的叫"陆龙卷"。火山爆发和发生大火灾时，容易引起巨大的陆龙卷。

由于龙卷风有巨大的吸卷力，常能把海中的鱼类、粮仓里的粮食或其他带有颜色的东西吸卷到高空，然后再随暴雨降落地面，于是就形成"鱼雨"、"谷雨"、"豆雨"、"血雨"，甚至"钱雨"等奇怪现象。

6. 风暴潮

风暴潮是一种灾害性的自然现象。由于剧烈的大气扰动，如强风和气压骤变，导致海水异常升降，使受影响的海区的潮位大大地超过平常潮位的现象，称为"风暴潮"或"风暴增水"、"风暴海啸"、"气象海啸"和"风潮"等。它往往使滨海区域潮水暴涨，甚者海潮冲毁海堤海塘，吞噬码头、工厂、城镇和村庄，使物资不得转移，人畜不得逃生，从而酿成巨大灾难。

风暴潮根据风暴的性质，通常分为由台风引起的台风风暴潮和由温带气旋引起的温带风暴潮两大类。

　　台风风暴潮多见于夏秋季节。风暴来临时来势猛、速度快、强度大、破坏力强。凡是有台风影响的海洋国家、沿海地区均有台风风暴潮发生。

　　温带风暴潮则多发生于春秋季节，夏季也时有发生。与台风风暴潮相比，温带风暴潮的增水过程比较平缓，增水高度低于台风风暴潮。温带风暴潮主要发生在中纬度沿海地区，以欧洲北海沿岸、美国东海岸以及我国北方海区沿岸为多。

　　风暴潮的活动空间一般由几十千米至上千千米，时间尺度或周期约为1～100小时，介于地震海啸和低频天文潮波之间。但有时风暴潮影响区域随大气扰动因子的移动而移动，因而有时一次风暴潮过程可影响1 000～2 000千米的海岸区域，影响时间多达数天之久。

风暴潮

　　有时，较大的风暴潮，特别是风暴潮和天文潮高潮叠加时，会引起沿海水位暴涨，海水倒灌，狂涛恶浪，泛滥成灾。

　　风暴潮四季均可发生，从南到北所有海洋沿岸均无幸免。因此，国内外通常以引起风暴潮的天气系统来命名风暴潮。

　　风暴潮灾害位居海洋灾害的首位，世界上绝大多数因强风暴引起的特大海岸灾害都是由风暴潮造成的。根据风暴潮的强度和破坏力，人们一般把风暴潮灾害划分为四个等级，即特大潮灾、严重潮灾、较大潮灾和轻度潮灾。

风暴潮能否成灾，在很大程度上取决于最大风暴潮位是否与天文潮高潮相叠，尤其是与天文大潮期的高潮相叠。但它也决定于受灾地区的地理位置、海岸形状、岸上及海底地形，尤其是滨海地区的社会及经济情况。如果最大风暴潮位恰与天文大潮的高潮相叠，则会导致发生特大潮灾，如20世纪90年代初，我国东部沿海发生了1949年以来影响范围最广、损失非常严重的一次风暴潮灾害。潮灾先后波及福建、浙江、上海、江苏、山东、天津、河北和辽宁等省（市）。风暴潮、巨浪、大风、大雨的综合影响，使南自福建东山岛，北到辽宁省沿海的近万千米的海岸线，遭受到不同程度的袭击。受灾人口达2 000多万，死亡194人，毁坏海堤1 170千米，受灾农田193.3万公顷，成灾33.3万公顷，直接经济损失达90多亿元。

风暴潮会引发自然灾害

和我国一样，美国也是一个频繁遭受风暴潮袭击的国家。在它的沿海地带，既有飓风风暴潮又有温带大风风暴潮。20世纪60年代末，登陆美国墨西哥湾沿岸的"卡米尔"飓风曾引起了7.5米的风暴潮，这是迄今为止世界第一风暴潮记录。在世界范围内，荷兰、英国、波罗的海沿岸国家、美国东北部海岸和我国渤海沿岸，都是温带风暴潮的易发区域。

7. 海　啸

　　海啸是一种具有强大破坏力的海浪，也是地球上最强大的自然力。人们恐怖地称它为"地球的终极毁灭者"。

　　在地球上广阔的海域内，水下地震、火山爆发或水下地块塌陷和滑坡等大地活动都可能引起海啸。当地震发生于海底，由于震波的动力而引起海水剧烈的起伏，形成强大的波浪，向前推进，将沿海地带一一淹没的灾害，称之为"海啸"。

海　啸

目前，人类对地震、火山、海啸等突如其来的灾变，只能通过观察、预测来预防或减少它们所造成的损失，但还不能阻止它们的发生。

海啸通常由震源在海底下50千米以内、地震规模里氏6.5级以上的海底地震引起。海啸波长比海洋的最大深度还要大，在海底附近传播也没受多大阻滞，不管海洋深度如何，波都可以传播过去，海啸在海洋的传播速度大约为每小时500~1 000千米，而相邻两个浪头的距离也可能远达500~650千米，当海啸波进入陆棚后，由于深度变浅，波高突然增大，它的这种波浪运动所卷起的海涛，波高可达数十米，并形成"水墙"。

海啸的传播速度与它移行的水深成正比。在太平洋，海啸的传播速度一般为每小时两三百千米到一千多千米。海啸不会在深海大洋上造成灾害，正在航行的船只甚至很难察觉这种波动。海啸发生时，人员或船只越在外海越安全。

一旦海啸进入大陆架，由于深度急剧变浅，波高骤增，可达20~30米，这种巨浪可带来毁灭性灾害。

由地震引起的波动与海面上的海浪不同，一般海浪只在一定深度的水层波动，而地震所引起的水体波动是从海面到海底整个水层的起伏。此外，海底火山爆发、天体陨石撞击、土崩及人为的水底核爆也会造成海啸。特别是陨石撞击产生的海啸，"水墙"可达百尺。这种情况在任何水域都有机会发生，不一定在地震带上。不过，陨石造成的海啸可能千年才会发生一次。

海啸同风产生的浪或潮是有很大差异的。微风吹过海洋，泛起相对较短的波浪，相应产生的水流仅限于浅层水体；猛烈的大风能够在辽阔的海洋卷起高度3米以上的海浪，但也不能撼动深处的水；而潮汐每天席卷全球两次，它产生的海流跟海啸一样能深入海洋底部。海啸由海下地震推动，火山爆发、陨星撞击或水下滑坡所产生。海啸波浪在深海的速度能够超过每小时700千米，可轻松地与波音747飞机保持同步。虽然它的速度很快，但在深水中海啸并不危险。海啸是静悄悄地、不知不觉地通过海洋。如果出乎意料地在浅水中，它就会达到灾难性的高度。

按照不同的形成原因，海啸可分为4种类型，即由气象变化引起的风暴潮、火山爆发引起的火山海啸、海底滑坡引起的滑坡海啸和海底地震引起的地震海啸。

地震海啸是海底发生地震时，海底地形急剧升降变动引起海水强烈扰动。它的机制有两种形式："下降型"海啸和"隆起型"海啸。

"下降型"海啸的特征：某些构造地震引起海底地壳大范围的急剧下降，海水首先向突然错动下陷的空间涌去，并在其上方出现海水大规模积聚；当涌进的海水在海底遇到阻力后，形成长波大浪，并向四周传播与扩散。这种下降型的海底地壳运动形成的海啸在海岸首先表现为异常的退潮现象。20 世纪 60 年代发生在智利沿岸的地震海啸就属于这种类型。

"隆起型"海啸的特征：某些构造地震引起海底地壳大范围的急剧上升，海水也随着隆起区一起抬升，并在隆起区域上方出现大规模的海水积聚；在重力作用下，海水必须保持一个等势面以达到相对平衡；于是，海水从波源区向四周扩散，形成汹涌巨浪。这种隆起型的海底地壳运动形成的海啸波在海岸首先表现为异常的涨潮现象。如 20 世纪 80 年代日本海域发生的 7.7 级地震引起的海啸属于这种类型。

海啸过后

地震是海啸爆发前的"有效朕兆"。如果感觉到较强的震动，人们就不要靠近海边、江河的入海口。如果听到有关附近地震的报告，人们就要做好防海啸的准备。要记住，海啸有时会在地震发生几小时后到达离震源上千千米远的地方。

因为海啸在海港中造成的落差和湍流非常危险，船主应该在海啸到来前把船开到开阔海面。如果没有时间开出海港，所有人都要撤离停泊在海港里的船只。

海啸登陆时海水往往明显升高或降低，如果人们看到海面后退速度异常快，就立刻撤离到内陆地势较高的地方。如果海上船只听到海啸预警，就要千万记住别急着"回巢"。

还有一点，在灾难面前，每个人都应该有一个急救包，里面应该有足够 72 小时用的药物、饮用水和其他必需品。这一点适用于海啸、地震和一切突发灾害。

百 科 小 知 识

海啸来袭之前，为什么海潮会"先退后涨"？

大多数情况下，出现海面下落的现象都是因为海啸冲击波的波谷先抵达海岸。波谷就是波浪中最低的部分。如果它先登陆，海面就会下降。同时，海啸冲击波是不同于一般的海浪，波长很大。因此，波谷登陆后，要相隔相当一段时间，波峰才能抵达。

另外，如果这种情况发生在震中附近，也可能是另外一个原因造成的：当地震发生时，海底地面有一个大面积的抬升和下降。这时，地震区附近海域的海水也随之抬升和下降，然后就形成了海啸。

8. "倒春寒"

在一年四季中，气温、气流、气压等气象要素变化最无常的季节就是春季。白天阳光和煦，让人深感春意浓浓；早晚时分却寒气袭人，令人顿觉"春寒料峭"。这种使人难以适应的"善变"天气，就是通常人们所说的"倒春寒"。

"倒春寒"是指初春（3月）气温回升较快，而在春季后期（4—5月）气温较正常年份偏低的天气现象。这一季节，长期阴雨天气或频繁的冷空气侵袭，抑或持续冷高压控制下晴朗夜晚的强辐射冷却容易造成"倒春寒"。初春时节，气候多变，如果冷空气较强，可使气温猛降至10℃以下，甚至下雨或下雪。有时候，这样的天气变化持续时间长达10天或半个月。

　　作为一种常见的天气现象，"倒春寒"现象不仅在我国存在，而且在日本、朝鲜、印度及美国等地都有发生。每年3月前后，正是由冬季风转变为夏季风的过渡时期。其间，常有从西北地区来的间歇性冷空气侵袭，冷空气南下与南方暖湿空气相持，形成持续性低温阴雨天气。一般来说，当月的平均气温比常年偏低2℃以上，就会出现较为严重的"倒春寒"；而冷空气南下越晚活动越强、降温范围越广，出现"倒春寒"的可能性就越大。

　　在农业生产方面，"倒春寒"属于春季低温阴雨的天气范畴。因为它在出现的时间上偏晚，对农作物生长危害性更大。早春时节，农作物播种都是分期、分批进行，一次低温阴雨天气过程只会危害和影响一部分春播春种的农作物，因为此时正处于春播作物的萌芽期，大多数果树还未进入开花授粉期，对外界环境条件适应能力也较强。然而一旦过了春分尤其是清明节之后，气温明显上升，春播春种已全面铺开，各类作物生机勃勃，秧苗进入断乳期，多数果树陆续进入开花授粉期，抗御低温阴雨能力大为减弱。如果这时出现"倒春寒"天气，农作物就会面临大面积烂秧、死苗和果树开花坐果率低之灾，其他春种作物生长发育也会受到严重影响。

"倒春寒"让河水起雾

就人体健康而言，"倒春寒"天气反常现象会诱发一些春季疾病。患有心脑血管病的老年人热平衡能力较差，循环系统很容易受到"倒春寒"的刺激，全身皮肤表层毛细血管收缩，使血流阻力增大，导致血压升高。另外，天气突变会引起地球磁场的改变，促发人体植物神经功能紊乱，造成老年人脑梗塞、脑出血或心肌梗死的发病率提高。

"倒春寒"会使人的关节局部出现麻木、酸痛等症状，容易引发风湿性关节炎。

"倒春寒"还容易造成流行呼吸系统传染病的频发。由于早春气候寒冷、空气干燥，呼吸道黏膜的防御功能会受到直接影响，细菌、病毒等病原微生物会乘虚而入，造成流感、腮腺炎等传染病流行。资料表明，在冬春交替的季节，麻疹、白喉、百日咳、猩红热、气管炎等呼吸系统传染病的发病率，远高于其他季节。

百 科 小 知 识

"倒春寒"与健康防护

对于"倒春寒"使人体产生的不适，特别是对于有慢性疾病的人群以及老人，预防方法是：一是当气温骤降时注意添衣保暖，特别要注意手、口、鼻部位的保暖；二是加强体育锻炼，提高身体素质；三是注意休息和保持情绪稳定，避免过度疲劳和精神紧张；四是"倒春寒"期间多吃些大蒜、洋葱、芹菜等食物。

体质虚弱和免疫力不佳的人要注意：

（1）要适当"春捂"，不要因为气温暂时升高就马上脱掉冬装，此时早晚气温还较低，要注意保暖。

（2）要多吃一些健脾胃的食物，如含维生素、微量元素丰富且易于消化的鸡、鸭、瘦肉、蛋类、蔬菜、水果等。

（3）要保证室内及时除尘通风，以减少和抑制病菌的存活和繁殖。

（4）要适当进行户外活动，呼吸新鲜空气，以改善心肺功能，使身体更好地进行调节，适应春季多变的气候。

（5）要多喝水，这不仅有利于保持血脉畅通，而且可以预防呼吸道疾病。

9. 沙尘暴

沙尘暴是沙暴和尘暴两者兼有的总称，是指强风把地面大量沙尘物质吹起并卷入空中，使空气特别混浊，水平能见度小于 100 米的严重风沙天气现象。其中，沙暴是指大风把大量沙粒吹入近地层所形成的挟沙风暴；尘暴则是大风把大量尘埃及其他细粒物质卷入高空所形成的风暴。

沙尘暴

沙尘暴天气主要发生在春末夏初季节。这是由于冬春季干旱区降水甚少，地表异常干燥松散，抗风蚀能力很弱，在大风刮过时，就会将大量沙尘卷入空中，形成沙尘暴天气。

沙尘天气分为浮尘、扬沙、沙尘暴和强沙尘暴四类。浮尘是指尘土、细沙均匀地浮游在空中，使水平能见度小于 10 千米的天气现象；扬沙是指风将地面尘沙吹起，使空气相当混浊，水平能见度在 1 千米至 10 千米以内的天气现象；沙尘暴是指强风将地面大量尘沙吹起，使空气很混浊，水平能见度小于 1 千米的天气现象；强沙尘暴是指大风将地面尘沙吹起，使空气模糊不清、浑浊不堪，水平能见度小于 500 米的天气现象。

从全球范围来看，沙尘暴天气多发生在内陆沙漠地区，世界上共有四大沙尘暴多发区，它们分别是：北美、澳洲、中亚以及中东地区。源地主要有非洲的撒哈拉沙漠、北美的中西部及澳大利亚的沙漠地区。北美洲的沙漠主要分布于美国西部和墨西哥的北部。这里属于与沙漠接壤的荒漠干旱区，沙尘暴时有发生，甚至在大平原上爆发了历史上著名的"黑风暴"。20 世纪 30 年代，由于严重干旱的原因，北美中西部地区就发生过著名的"碗状沙尘暴"。在这场美国历上最严重的沙尘暴中，大平原损失了 3 亿吨肥沃土壤。浩劫之后，几百万公顷的农田废弃，几十万人流离失所，众多城镇成为了荒无人烟的空城。许多人被迫向加利福尼亚迁移，引发了美国历史上最大的移民潮。

20 世纪 30 年代美国的"黑风暴"

澳大利亚是个干旱国家，陆地面积的 75% 属于干旱和半干旱地区。澳大利亚的中部和西部海岸地区沙尘暴最为频繁，每年平均有五次之多。由于许多地方气候干燥，加上耕作和放牧，土壤表层缺乏植被的覆盖，导致了土地的逐渐沙化，一旦刮起大风，沙尘暴就会发生。

亚洲沙尘暴的活动中心主要在约旦沙漠、伊拉克的下美索不达米亚、伊朗南部阿巴斯附近的海滨和阿富汗北部的平原地带；中亚地区的哈萨克斯坦、乌兹别克斯坦和土库曼斯坦都是沙尘暴的频繁影响区，但这一地域的中心在里海与咸海之间沙质平原及阿姆河一带。

巨型沙尘暴

中东地区的沙尘暴主要在非洲撒哈拉沙漠南缘地区，从 20 世纪 70 年代初到 80 年代中期，由于连年旱灾以及过量放牧和开垦，造成草场退化、田地荒芜、沙漠化土地蔓延，沙尘暴加剧，人们的生活环境急剧恶化。频繁的沙尘暴还殃及其他地区，有的沙尘被风带过大西洋到达了南美洲亚马逊地区，还有的沙尘被吹到了欧洲。

亚洲中部的荒漠区也在不断扩大，中亚五国是荒漠化比较严重的地区，总面积有近 400 万平方千米。由于人口快速增加、人为过量灌溉用水、乱砍滥伐森林、超载放牧，导致草场退化，沙漠化十分严重。中亚地区盐土面积非常辽阔，达到 15 万平方千米，所以造成了沙尘暴和盐尘暴的混合发生。

我国的西北地区由于独特的地理环境，也是沙尘暴的频发地区，主要源地有古尔班通古特沙漠、塔克拉玛干沙漠、巴丹吉林沙漠、腾格里沙漠、乌兰布和沙漠和毛乌素沙漠等。从 1999 年到 2002 年春季，我国境内共发生 53 次沙尘天气，其中 33 次肆虐我国的沙尘来自境外。2002 年春季，我国北方共出现了 12 次沙尘天气过程，具有出现时段集中、发生强度大、影响范围广等显著特点。

新疆南部的塔克拉玛干沙漠是我国境内的沙尘天气高发区，但一般不会影响到西北地区东部和华北地区。我国的沙尘天气路径可分为西北路径、偏西路径和偏北路径。其中，西北路径之一的沙尘天气起源于蒙古高原中西部或内蒙古西部的阿拉善高原，主要影响我国西北、华北地区；西北另一路径的沙尘天气起源于蒙古国南部或内蒙古中西部，主要影响西北地区东部、华北北部、东北大部；在偏西路径，沙尘天气起源于蒙古国西南部或南部的戈壁地区、内蒙古西部的沙漠地区，主要影响我国西北、华北；在偏北路径，沙尘天气一般起源于蒙古国乌兰巴托以南的广大地区，主要影响西北地区东部、华北大部和东北南部。

有利于产生大风或强风的天气形势，有利的沙源、尘源分布和有利的空气不稳定条件是沙尘暴或强沙尘暴形成的主要原因。强风是沙尘暴产生的动力；沙源、尘源是沙尘暴的物质基础；不稳定的热力条件将导致风力加大、强对流发展，从而使沙尘暴夹带更多的沙尘，并卷扬得更高。除此之外，前期干旱少雨、天气变暖、气温回升，是沙尘暴形成的特殊的天气气候背景；地面冷锋前对流单体发展为云团或飑线是有利于沙尘暴发展并加强的中小尺度系统；有利于风速加大的地形条件，是沙尘暴形成的有利条件之一。在极有利的大尺度环境、高空干冷急流和强垂直风速、风向切变及热力不稳定层结构条件下，引起锋区附近中小尺度系统生成、发展，加剧了锋区前后的气压、温度梯度，形成了锋区前后的巨大压温梯度。在动量下传和梯度偏差风的共同作用下，近地层风速陡升，掀起地表沙尘，形成沙尘暴或强沙尘暴天气。

沙尘暴对人类的危害主要有强风、沙埋、土壤风蚀和大气污染四种形式。携带细沙粉尘的强风摧毁建筑物及公用设施，造成人畜伤亡；以风沙流的方式造成农田、渠道、村舍、铁路、草场等被大量流沙掩埋，尤其是对交通运输造成严重威胁。土壤风蚀是沙尘暴发生发展的首要环节。风是土壤最直接的动力，其中气流性质、风速大小、土壤风蚀过程中风力作用的相关条件等是最重要的因素。另外，土壤含水量也是影响土壤风蚀的重要原因之一。每次沙尘暴的沙尘源和影响区都会受到不同程度的风蚀危害，风蚀深度可达 1～10 厘米；对源区农田和草场的土地生产力造成严重破坏；在沙尘暴源地和影响区，大气中的可吸入颗粒物增加，大气污染加剧。据估计，我国每年由沙尘暴产生的土壤细粒物质流失高达 106～107 吨，其中绝大部分粒径在 10 微米以下。

　　沙尘暴是一种风与沙相互作用的灾害性天气现象，它的形成与地球温室效应、厄尔尼诺现象、森林锐减、植被破坏、物种灭绝、气候异常等因素有着不可分割的关系。其中，人口膨胀导致的过度开发自然资源、过量砍伐森林、过度开垦土地是沙尘暴频发的主要原因。

戈壁滩上的沙尘暴

　　2010 年 3 月 12 日，我国新疆和田地区本年首次发生强沙尘暴，部分县市出现黑风，一些当地群众称最严重时能见度几乎为零。截至当日 19 时，和田市区还是昏黄一片。18 时，强沙尘暴已至策勒县，预计 21 时许到达民丰县，覆盖范围达 500 多公里。

　　2010 年 3 月 19 日 18 时，我国新疆南疆盆地北部和东部、青海中北部局地、甘肃中部、宁夏北部、陕西北部、内蒙古中西部、河北西北部出现扬沙或沙尘暴天气，其中内蒙古额济纳旗、海力素、临河、乌拉特中旗及青海冷湖出现能见度不足 500 米的强沙尘暴。

2010 年 4 月 24 日，我国甘肃大部遭遇本年第三次区域性的沙尘暴天气过程。敦煌、酒泉、张掖、民勤等 13 个地区出现沙尘暴、强沙尘暴和特强沙尘暴，其中民勤县在当天傍晚时分的能见度接近 0 米。资料显示，这次大风特强沙尘暴是民勤县有气象记录以来最强的一次。由于当地气象部门预报准确及时，灾害天气未造成民勤县人员伤亡，因强风引起的 13 处明火亦被及时扑灭。

在内蒙古阿拉善右旗，34 年来最强的一次沙尘暴使当地农牧业遭到重创。初步统计表明：阿拉善盟失踪或死亡的牲畜有 4 000 多头，近 5 万亩农田受灾；上百座蔬菜大棚严重受损；300 多眼水井被掩埋；通信、光电线路也严重受损。

2010 年 4 月 26 日，我国河北的保定、石家庄、衡水、邢台、邯郸和张家口地区有 76 个县市遭遇大风袭击，最高风速达 30 米/秒，风力为 11 级。冀东南 13 个县市出现沙尘暴、12 个县市出现雷暴，其中平乡、广宗、威县出现能见度小于 500 米的强沙尘暴。甘肃省武威等六市遭受强沙尘暴灾害，据统计共造成直接经济损失达 9.37 亿元。

百科小知识

沙尘暴天气的应急措施

（1）及时关闭门窗，必要时可用胶条对门窗进行密封。

（2）外出时要戴口罩，用纱巾蒙住头，以免沙尘侵害眼睛和呼吸道而造成损伤。应特别注意交通安全。

（3）机动车和非机动车应减速慢行，密切注意路况，谨慎驾驶。

（4）妥善安置易受沙尘暴损坏的室外物品。

（5）发生强沙尘暴天气时不宜出门，尤其是老人、儿童及患有呼吸道过敏性疾病的人。

（6）平时要做好防风防沙的各项准备。

10. 地　震

地震又称"地动"或"地振动"，是地球内部介质局部发生急剧的破裂，地壳在快速释放能量过程中产生震波，从而在一定范围内引起地面振动的一种自然现象。

地震是地球上经常发生的一种自然灾害。它就像海啸、龙卷风、冰冻灾害一样，具有很强的破坏力。大地震动是地震最直观、最普遍的表现。地震一般发生在地壳之中。地壳内部在不停地变化而产生内力作用，使地壳岩层变形、断裂、错动，导致地震发生。超级地震指的是震波极其强烈的大地震，它的发生占总地震的 7%~21%，破坏程度是原子弹的数倍，影响十分广泛，在海底或滨海地区发生的强烈地震，能引起巨大的波浪，形成海啸。

地震过后

地震常常会造成严重的人员伤亡及破坏房屋等工程设施，会引起火灾、水灾、毒气体的泄漏、细菌及放射性物质扩散；还可能造成海啸、滑坡、崩塌、地裂缝等次生灾害。在世界上，地震的发生极其频繁，全球每年发生的地震约有550万次。

在地震发生过程中，地震波发源的地方叫做"震源"。震源在地面上的垂直投影，地面上离震源最近的一点称为"震中"。它是接受振动最早的部位。震中到震源的深度叫做"震源深度"，通常将震源深度小于60千米的区域叫做"浅源地震"；深度在60～300千米的区域称为"中源地震"；深度大于300千米的区域叫做"深源地震"。同样大小的地震，由于震源深度不一样，对地面造成的破坏程度也不一样。震源越浅，破坏越大，但波及范围也越小。

其中，破坏性地震一般为浅源地震，如20世纪70年代发生在我国的唐山大地震，震级达到了里氏7.8级，震源深度为12千米。破坏性地震的地面振动最烈处称为"极震区"，极震区往往也就是震中所在的地区。人们把观测点距震中的距离称为"震中距"；震中距小于100千米的地震称为"地方震"；在100～1 000千米之间的地震称为"近震"；大于1 000千米的地震称为"远震"。在这中间，震中距越长的地方受到的影响和破坏越小。

地震时的天气预兆

地震所引起的地面振动是由纵波和横波共同作用的结果。在震中区，纵波使地面上下颠动，而横波使地面水平晃动。由于纵波传播速度较快，衰减也较快，横波传播速度较慢，衰减也较慢，因此，离震中较远的地方往往感觉不到上下跳动，但能感到水平晃动。当某地发生一次较大的地震时，在一段时间内，常常会发生一系列的地震，其中最大的一个地震叫做"主震"，主震之前发生的地震叫"前震"，主震之后发生的地震叫"余震"。

地震活动在时间上具有一定的周期性，具体表现为：在一定时间段内地震活动频繁、强度大，称为"地震活跃期"；而另一时间段内地震活动相对来讲频率少、强度小，称为"地震平静期"。

地震的地理分布受一定的地质条件控制，具有一定的规律。它的分布呈带状，大多出现在地壳不稳定的部位，特别是板块之间的消亡边界，形成地震活动活跃的地震带。一般情况下，大陆地震主要集中在环太平洋地震带和地中海—喜马拉雅地震带上。太平洋地震带几乎集中了全世界80%以上的浅源地震(0～60千米)、全部的中源（60～300千米）和深源地震（300千米以上），所释放的地震能量约占全部能量的80%。

全世界主要有三个重要地震带：（1）环太平洋地震带，包括南、北美洲太平洋沿岸，阿留申群岛，堪察加半岛，千岛群岛，日本列岛，硫球群岛，斐济，印度尼西亚，中国台湾，菲律宾，新西兰等，是地球上地震最活跃的地区。本带处于太平洋板块和美洲板块、亚欧板块、印度洋板块的消亡边界，南极洲板块和美洲板块的消亡边界上。（2）欧亚地震带，大致从印度尼西亚西部开始，经缅甸和中国横断山脉、喜马拉雅山脉，越过帕米尔高原，经中亚细亚到达地中海及其沿岸。本带处于亚欧板块和非洲板块、印度洋板块的消亡边界上。（3）中洋脊地震带，包含延绵世界的三大洋（即太平洋、大西洋和印度洋）和北极海的中洋脊。中洋脊地震带仅含全球约5%的地震，该地震带的地震几乎都是浅层地震。

在我国范围内，地震主要分布于台湾地区、西南地区、西北地区、华北地区、东南沿海地区等23条大小地震带上。

地震的级别是根据地震时释放的能量的大小而定的。一次地震释放的能量越多，地震级别就越大。衡量地震规模的标准主要有震级和烈度两种。目前，国际上一般采用美国地震学家查尔斯·弗朗西斯·芮希特和宾诺·古腾堡于1935年共同提出的震级划分法，即现在通常所说的里氏地震规模。里氏规模是地震波最大振幅以 10 为底的对数，并选择距震中 100 千米的距离为标准。小于里氏规模 2.5 级的地震，称为"小震"或"微震"，人们一般不易感觉到；里氏规模 2.5～5.0 级的地震，称为"有感地震"，震中附近的人会有不同程度的感觉，全世界每年大约发生十几万次；大于里氏规模 5.0 级的地震，称为"破坏性地震"，会造成建筑物不同程度的损坏；里氏规模 4.5 以上的地震可以在全球范围内监测到。人类有记录的、震级最大的地震是 20 世纪 60 年代智利发生的 9.5 级大地震，所释放的能量相当于一颗 1 800 万吨炸药量的氢弹，或者相当于一个 100 万千瓦的发电厂 40 年的发电量。

地震的破坏力

同样大小的地震，造成的破坏不一定是相同的；同一次地震，在不同的地方造成的破坏也不一样。为了衡量地震的破坏程度，科学家又提出了"地震烈度"作为确定烈度的基本依据。影响地震烈度的因素有震级、震源深度、距震源的远近、地面状况和地层构造等。仅就烈度和震源、震级间的关系来说，震级越大震源越浅、烈度也越大。一次地震发生后，震中区的破坏最重、烈度最高，这个烈度称为"震中烈度"。从震中向四周扩展，地震烈度逐渐减小。虽然一次地震只有一个震级，但它所造成的破坏可以划分出好几个烈度不同的地区。如1976年我国唐山大地震，震级为7.8级，震中烈度为11°；受唐山地震的影响，天津地区的地震烈度为8°；北京地区的烈度为6°；而石家庄、太原等地的地震烈度就只有4°~5°了。

地震的破坏性极大。2008年5月12日，我国四川的汶川地区发生了里氏8.0级特大地震，造成了很大的人员伤亡和财产损失；2010年4月14日，我国青海的玉树又发生了7.1级强烈地震，给当地的生活带来了灾难。

我国地震烈度标准对照

1度：无感——仅仪器能记录到。

2度：微有感——个别敏感的人在完全静止中有感。

3度：少有感——室内少数人在静止中有感，悬挂物轻微摆动。

4度：多有感——室内大多数人、室外少数人有感，悬挂物摆动，不稳器皿作响。

5度：惊醒——室外大多数人有感，家畜不宁，门窗作响，墙壁表面出现裂纹。

6度：惊慌——人站立不稳，家畜外逃，器皿翻落，简陋棚舍损坏，陡坎滑坡。

7度：房屋损坏——房屋轻微损坏，牌坊、烟囱损坏，地表出现裂缝及喷沙、冒水。

8度：建筑物破坏——房屋多有损坏，少数路基塌方，地下管道破裂。

9度：建筑物普遍破坏——房屋大多数破坏、少数倾倒，牌坊、烟囱等崩塌，铁轨弯曲。

10度：建筑物普遍摧毁——房屋倾倒，道路毁坏，山石大量崩塌，水面大浪扑岸。

11度：房屋大量倒塌——路基堤岸大段崩毁，地表产生很大变化。

12度：山川易景——一切建筑物普遍毁坏，地形剧烈变化，动植物遭毁灭。

地震的类型

引起地球表层振动的原因很多。按照形成的原因，地震分为天然地震和人工地震两大类。此外，某些特殊情况下也会产生地震，如大陨石冲击地面等。

构造地震

由于地下深处岩石破裂、错动把长期积累起来的能量急剧释放出来，以地震波的形式向四面八方传播出去，能量释放到地面引起的房摇地动称为"构造地震"。这类地震发生的次数最多，破坏力也最大，约占全世界地震的90%以上。

火山地震

由于火山作用，如岩浆活动、气体爆炸等引起的地震称为"火山地震"。只有在火山活动区才可能发生火山地震，这类地震只占全世界地震的7%左右。

塌陷地震

由于地下岩洞或矿井顶部塌陷而引起的地震称为"塌陷地震"。这类地震的规模比较小，次数也很少，即使有，也往往发生在溶洞密布的石灰岩地区或大规模地下开采的矿区。

诱发地震

由于水库蓄水、油田注水等活动而引发的地震称为"诱发地震"。这类地震仅仅在某些特定的水库库区或油田地区发生。

人工地震

地下核爆炸、炸药爆破等人为引起的地面振动称为"人工地震"。人工地震是由人为活动引起的地震，如工业爆破、地下核爆炸造成的振动；在深井中进行高压注水以及大水库蓄水后增加了地壳的压力，有时也会诱发地震。

地下核爆炸

百科小知识

地震之最

(1) 2011 年 3 月 11 日，日本气象厅表示，日本于当地时间 11 日 14 时 46 分发生里氏 9.0 级地震，震中位于宫城县以东太平洋海域，震源深度 20 公里。地震及其引发的海啸已造成上千人死亡，约 3 万人下落不明，这个数字还在增加。日本地震引发福岛第一核电站共有三座反应堆因冷却系统停止工作发生核泄漏险情。这一事件现在正在处理中。

(2) 唐山大地震，中国北京时间是 1976 年 7 月 28 日凌晨 3 时 42 分 53.11 秒，发生于中国唐山的里氏 7.8 级大地震。造成 242 769 人死亡，435 556 人受伤。682 267 间民用建筑中有 656 136 间倒塌和受到严重破坏，直接经济损失达 30 亿元人民币以上。地震场面极为惨烈，为世界所罕见。

(3) 2008 年 5 月 12 日 14 时 28 分 04 秒，中国四川汶川、北川，发生里氏 8 级强震，地震造成的直接经济损失 8.451 亿元人民币。包括周边地方的小震。在这次地震中，因地震受伤住院治疗累计 96 544 人，死亡人数达 6 万多人，失踪 8 000 多人。

(4) 智利大地震（1960 年 5 月 22 日）：里氏 9.5 级。发生在智利中部海域，并引发海啸及火山爆发。此次地震共导致 5 000 人死亡、200 万人无家可归。此次地震为历史上震级最高的一次地震。

(5) 印度尼西亚大地震（2004 年 12 月 26 日）：里氏 9.0 级，发生在位于印度尼西亚苏门答腊岛上的亚齐省。地震引发的海啸席卷斯里兰卡、泰国、印度尼西亚及印度等国，导致约 30 万人失踪或死亡。

11. 泥石流

泥石流是指在山区或者其他沟谷深壑、地形险峻的地区，因为暴雨、暴雪或其他自然灾害引发的携带有大量泥沙以及石块的特殊洪流。它具有突然性以及流速快、流量大、物质容量大和破坏力强等特点。

　　泥石流是介于流水与滑坡之间的一种地质作用。典型的泥石流由悬浮着粗大固体碎屑物并富含粉砂及黏土的黏稠泥浆组成。在适当的地形条件下，大量的水体浸透山坡或沟床中的固体堆积物质，使它的稳定性降低，饱含水分的固体堆积物质在自身重力作用下发生运动，就形成了泥石流。

泥石流灾害

　　影响泥石流强度的因素较多，如泥石流容量、流速、流量等，其中泥石流流量对泥石流成灾程度的影响最为主要。此外，多种人为活动也在多方面加剧上述因素的作用，促进了泥石流的暴发。

　　泥石流的分类方法很多，我国最常见的划分主要有两大类。按照物质成分划分，泥石流分为泥石流、泥流和水石流三种。由大量黏性土和粒径不等的砂粒、石块组成的称为"泥石流"；以黏性土为主，含少量砂粒、石块，黏度大、呈稠泥状的称为"泥流"；由水和大小不等的砂粒、石块组成的称"水石流"。按照物质状态划分，泥石流可分为黏性泥石流和稀性泥石流。其中，黏性泥石流是含大量黏性土的泥石流或泥流，主要特征是：黏性大，固体物质占40%～60%，最高达80%；水是黏性泥石流的组成物质，稠度大，石块呈悬浮状态，暴发突然，持续时间短，破坏力很大。稀性泥石流是以水为主要成分，黏性土含量少，固体物质占10%～40%，有很大分散性。在稀性泥石流中，水为搬运介质，石块以滚动或跃移方式前进，具有强烈的下切作用；稀性泥石流的堆积物在堆积区呈扇状散流，停积后就像"石海"一样。

　　除此之外，泥石流还有多种分类方法。按照泥石流的成因分类，有水川型泥石流和降雨型泥石流；按照泥石流的流域大小分类，有大型泥石流、中型泥石流和小型泥石流；按照泥石流发展阶段分类，有发展期泥石流、旺盛期泥石流和衰退期泥石流等。

泥石流

　　泥石流是一种自然灾害，是山区特有的一种自然地质现象，广泛分布于世界各国一些具有特殊地形、地貌状况的地区。由于降水（包括暴雨、冰川、积雪融化水等）产生在沟谷或山坡上的一种夹带大量泥沙、石块等固体物质的特殊洪流，是高浓度的固体和液体的混合颗粒流。它的运动过程介于山崩、滑坡和洪水之间，是各种自然因素（地质、地貌、水文、气象等）、人为因素综合作用的结果。

　　泥石流大多伴随山区洪水而发生。它的灾害特点是规模大、危害严重；活动频繁、危及面广；而且能重复成灾。泥石流流动的全过程一般只有几个小时，短的只有几分钟。它与一般洪水的区别是洪流中含有足够数量的泥沙石等固体碎屑物，其体积含量最少为15%，最高可达80%左右，因此比洪水更具有破坏力。

泥石流经常突然爆发，来势凶猛；可携带巨大的石块，并以高速前进，具有强大的能量；因而，它的破坏性极大。泥石流发生时常常会冲毁城镇、矿山、乡村，造成人畜伤亡；破坏房屋及其他工程设施；破坏农作物、林木及耕地。此外，泥石流有时也会淤塞河道，不但阻断航运，还可能引起水灾。

世界上发生泥石流的区域分布广泛。除南极洲外，各大洲都有泥石流的踪迹。泥石流发生最多的地区是欧洲阿尔卑斯山区、亚洲喜马拉雅山区、南北美洲太平洋沿岸山区和欧亚美各大洲内部的一些山区。我国是多山之国，受岩层断裂等地质构造的影响，许多山体陡峭、岩石结构不稳固、森林覆盖面积不多，遇到季风气候的连阴雨、大暴雨天气，常发生严重的泥石流灾害。黄土高原、天山、昆仑山等山前地带以及太行山、长白山泥石流危害都很严重。我国的台湾省也经常有泥石流发生。

据统计，我国每年有近百座县城受到泥石流的直接威胁和危害；有 20 条铁路干线的走向经过 1 400 余条泥石流分布范围内；在我国的公路网中，以川藏、川滇、川陕、川甘等线路的泥石流灾害最严重，仅川藏公路沿线就有泥石流沟 1 000 余条，先后发生泥石流灾害 400 余起，每年因泥石流灾害阻碍车辆行驶时间长达 1~6 个月。我国金沙江中下游、雅砻江中下游和嘉陵江中下游等，泥石流活动及堆积物是这些河段通航的最大障碍。云南省近几年受泥石流冲毁的中、小型水电站达 360 余座、水库 50 余座；上千座水库因泥石流活动而严重淤积，造成巨大的经济损失。

12. 极昼、极夜

极昼和极夜是地球南北两极圈内特有的自然现象。

极昼和极夜是地球沿着倾斜的地轴自转所造成的结果。地球自转时地轴与垂线成一个约 23.5 度的倾斜角，因而地球在围绕着太阳公转的轨道上，有 6 个月的时间南极和北极的其中一个极总是朝向太阳，另一个极总是背向太阳。如果南极朝向太阳，太阳光照射强烈，所以南极点在半年之内全是白天，没有黑夜；这时，北极则见不到太阳，北极点在半年之内全是黑夜，没有白天。到了下一个半年，则正好相反，北极朝向太阳，北极点全是白天；而南极这时则见不到太阳，南极点全是黑夜。在极圈内的地区，根据纬度的不同，极昼和极夜的长度也不同。

极　昼

所谓"极昼"，就是太阳永不落，天空总是亮的，这种现象也叫"白夜"；所谓"极夜"，就是与极昼相反，太阳总不出来，天空总是黑的。在南极洲的高纬度地区，那里没有"日出而作，日落而息"的生活节律，没有一天 24 小时的昼夜更替。昼夜交替出现的时间是随着纬度的升高而改变的，纬度越高，极昼和极夜的时间就越长。在南极点上，昼夜交替的时间各为半年，也就是说，那里白天黑夜交替的时间是整整一年，一年中有半年是连续白天，半年是连续黑夜，那里的一天相当于其他大陆的一年。如果离开南极点，纬度越低，不再是半年白天或半年黑夜，极昼和极夜的时间会逐渐缩短。到了南纬80°，也有极昼和极夜以外的时候才出现 1 天 24 小时内的昼夜更替。如果处于极昼的末期，起初每天黑夜的时间很短暂，之后黑夜的时间越来越长，直至最后全是黑夜，极夜也就开始了。而在南极圈，一年当中仅有一个整天（24 小时）全是白天和一个整天全是黑夜。

极夜又称"永夜"，这一现象发生在地球的两极地区。在该地区，一日之内，太阳都在地平线以下的现象，即夜长超过 24 小时。北极和南极都有极昼和极夜之分，一年内大致连续 6 个月是极昼，6 个月是极夜。在一个月的极夜时期里，有 15 天可见月亮（圆、缺），另外 15 天则见不到月亮。

极 夜

北极昼的景色是十分奇妙的，在那里每天 24 小时始终是白天，要是碰上晴天，即使是午夜时刻也是阳光灿烂，就像大白天一样的明朗。可是，当北极夜到来的时候，那里又是另一番景象了。在漫漫长夜中，除中午略有光亮外，白天人们也要开着电灯照明，因为在北极夜里，太阳始终不会升上地平线来，星星也一直在黑洞洞的天空闪烁，一年中有半个月的时间，可以看见或圆或缺的月亮整天在天际旋转，而另外半个月的时间，则连月亮也看不见。这种奇特的景象，在北极中央地带要从 9 月中旬持续到第二年 3 月中旬，约半年的时间。

如果太阳直射点在哪个半球，另个一个半球的极地附近就会出现极夜现象。

极昼的范围与太阳直射点纬度有关，它的边界与极点的纬度差就是太阳直射点的纬度。

极昼和极夜的这种自然现象在地球的另一极——北极也同样出现，不过它出现的时间同南极正好相反，北极若处在极昼，则南极为极夜，反之亦然。

极昼与极夜的形成，是由于地球在沿椭圆形轨道绕太阳公转时，还绕着自身的倾斜地轴旋转而造成的。原来，地球在自转时，地轴与其垂线形成一个约23.5°的倾斜角，因而地球在公转时便出现有 6 个月时间两极之中总有一极朝着太阳，全是白天；另一个极背向太阳，全是黑夜。南、北极这种神奇的自然现象是其他大洲所没有的。

由于南北两极存在着极昼和极夜，在漫长的白天，动物们必须积累足够的能量，从而不停地进食，并且还要高效率地养育后代，这样当极夜来临时，除部分迁徙到南方去的动物外，那些留下来的动物便可以度过最为艰难的时期。

百 科 小 知 识

为什么南北极地区极昼和极夜不一样长？

北极地区的极昼日数多于南极地区的极昼日数，或说北极地区的极夜日数少于南极地区的极夜日数。为什么会这样呢？我们知道，北极地区极昼时是夏半年，这时地球在公转轨道的远日点一方，公转速度较慢，所以极昼的天数也多一些。北极地区极夜时是冬半年，这时地球在公转轨道的近日点一方，公转速度较快，所以极夜的天数也少一些。

第五节　泾渭分明——自然带

自然带通常是指主要受地带性分异因素的影响，在地表大致沿纬线方向呈带状延伸分布，并具有一定宽度的地带性自然区划单位。广义的自然带是自然带、自然地带、自然亚地带等一系列地带性区划单位的统称，甚至包括垂直带。狭义的自然带仅指最高一级的地带性区划单位。

大陆水平自然带是纬度地带性和经度地带性两种规律共同作用的结果。在纬度地带性占优势的地区，自然带沿纬线方向伸展；在经度地带性占优势的地区，自然带沿经线方向伸展；在它们作用相近的地区，自然带与经纬线交叉。山地垂直自然带的分布随高度而变化。

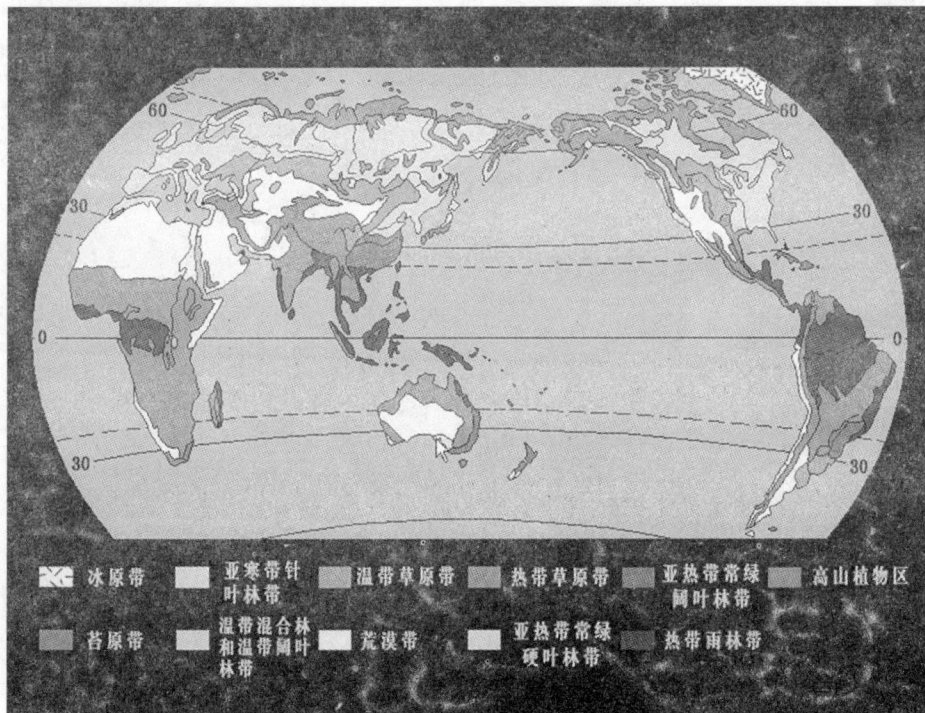

世界自然带

自然带的形成主要与地球表面的太阳辐射能在各纬度分布不均有关，在各大陆和大洋都形成一系列自然带。由于大陆自然带的形成不仅受纬度热力分带的影响，而且受到海陆分布、地势起伏的干扰，所以大陆自然带比大洋表层的自然带要复杂得多。

就全球范围来说，自然带的划分，早期主要是根据不同纬度所获得太阳辐射能的差异，把地球表面划分为 5 个带：热带、北温带、南温带、北寒带、南寒带。后来又根据各地气候、生物等差异进行了细分。

在大洋主要是根据海洋的气候、水文、生物等自然地理要素的差异，把大洋表层划分为 7 个带：赤道带、南热带、北热带、南温带、北温带、南极带、北极带。

由于大陆的情况复杂，地带性分异也较大洋明显，因此对大陆上自然带的划分比大洋细。以气候特点为标志划分大陆自然带，南半球和北半球从赤道向两极可分为赤道带、热带、亚热带、暖温带、中温带、寒温带、亚寒带、寒带。由于大陆自然带受到非地带性因素的影响而复杂化，每一自然带的典型特征在植被类型上具有较鲜明的表现，因此陆地自然带又可分为：热带雨林带、热带稀树草原带、热带荒漠带、亚热带荒漠草原带、亚热带森林带、温带荒漠带、温带草原带、温带阔叶林带、亚寒带针叶林带、寒带苔原带、极地冰原带。

1. 山地垂直自然带

气候、生物和土壤等相互联系形成的自然带，随海拔高度增高形成垂直自然带。

山地自然环境比低平地区复杂，所以山地垂直自然带比水平自然带复杂得多。如北半球北回归线以北地区的山地，南坡（阳坡）比北坡（阴坡）要获得更多的热量，因此，尽管南北坡海拔高度大致相同，但南坡气温高于北坡；如果潮湿气流与山地延伸方向相垂直或斜交，则形成迎风坡多雨，背风坡少雨。如我国东部山地，夏季因气流来自东南方向，所以南坡降水量多于北坡，以致南北坡海拔相同但水热状况不一，所以南北坡垂直自然带有明显差异。同是一个山地，南北坡坡麓可以分属不同的气候带和自然带。如中国秦岭南坡坡麓属于亚热带常绿阔叶林带，北坡坡麓则属于暖温带落叶阔叶林带。

任何一个山地垂直自然带，总是在相应的水平自然带基础上形成和发展起来的。与水平自然带相一致的山麓自然带，称为"垂直自然带基带"。一般说来，山地所处地理纬度愈低，气候愈湿润、相对高度愈大，垂直自然带表现愈完整。南极大陆气候严寒，呈现一片茫茫冰原景观，但无真正的垂直自然带。

从山地垂直自然带分布状况来看，山地所处的纬度愈低、山地海拔高度愈高，山地垂直自然带就愈复杂；山地垂直自然带是在山地所处的水平地带基础上

乞力马扎罗山自然带

形成和发展起来的，如乞力马扎罗山位于赤道带，水热条件湿热，所以山麓自然带即基带，属于赤道雨林带（即热带雨林带）；长白山处于温带湿润地带，所以基带是温带针叶与落叶阔叶混交林带。山地地形情况很复杂，如喜马拉雅山南坡相对高度很大，又处于热带边缘，所以垂直带非常复杂而相当完整；北坡相对高度不大，北坡坡麓就是青藏高原的一部分，所以垂直自然带比较简单。

长白山自然带

2. 海洋自然带

海洋自然带是指海洋上的自然地理分带。辽阔的海洋与陆地相比，它的表面非常单一，表层的温度、盐度、水层动态及海洋生物的分布等也都有一定的纬向地带性。但由于海洋水体具有巨大的流动性，因此地带性表现不如大陆明显，各个自然带之间的界限只能大体确定，海洋自然带数目也较少。

海洋自然带的划分，以热量带为基础，生物群的分布也是划分海洋自然带的主要标志之一。

根据冬季海洋表层水温的不同，海洋自然带分为冷水（小于0℃）、温水（0℃~10℃）、暖水（10℃~20℃）和热水（20℃以上）四种类型。结合与海水温度、理化特征和水体运动密切联系的浮游生物的数量变化，可将世界海洋分为7个自然带。

北极带

地处高纬区，包括巴伦支海的大部分水面以外的北冰洋以及北美东部纽芬兰到冰岛一线西北的大西洋部分。这里表层水温低，太阳辐射量较少，冬季干冷，最冷月份为1—3月，平均气温为-30℃~-40℃；夏季凉爽，7—8月份的平均气温为0℃~5℃。

由于北极带的大陆冰冻期较长，江河流入海洋的营养盐类不多，造成海洋生物种数有限。仅在冰融化的边缘海域，才有浮游生物活动，将一些鱼类和其他动物吸引到这里。其中，具有经济价值的鱼类主要有北极鳕、白海鲱等，此外，还有北极鲸或格陵兰鲸以及海豹、海象、海鸥、海雀、海鹦等。

北温带

北邻北极带，大体相当于北纬30°~60°。这里全年盛行西风，气候温暖湿润，最热月份为8月，平均气温在10℃~22℃；最冷月份为2月，平均气温在0℃~10℃。因受洋流及大气环流影响，北温带大洋东侧的平均气温比大洋西侧低5℃，年降水量为1 000~1 500毫米。

北温带终年受极地气团影响，虽然冬季表层水温较低，但盐度小、含氧量多，水团垂直交换强，水中营养盐类丰富，浮游生物很多，使大量以浮游生物为饵料的鱼类得到繁殖、生长，成为世界重要渔场的分布区域。

北温带鱼类的种数远比北极带丰富，主要有太平洋鳕鱼、鲱鱼、大马哈鱼等，在世界渔业经济中占有重要地位。哺乳动物中，在太平洋部分有海狗、海驴、海獭、日本鲸和海豚；在大西洋水域有比斯开鲸、白海海豚、海豹等。

北热带

大体位于北纬10°～30°。这里全年气温均较高，冬、夏季温差不大，最热月份平均气温为22℃～25℃，最冷月份为15℃～20℃。但北热带多热带气旋，年降水量为500～1 000毫米；带内东西部海区气温、降水差异明显。

北热带全年受副热带高压带控制，广大海域水体垂直交换微弱，深层水的营养盐类不易上涌，浮游生物和有经济价值的鱼类都较少。但是在受赤道洋流影响的海域，含有丰富营养盐类的深层水上涌，使浮游生物和鱼类得以繁殖，形成有价值的鱼类捕捞区。这里哺乳类动物很少，主要有抹香鲸。本带北部繁殖有多种浮游动物，南部有大量的珊瑚、海龟和鲨等。

赤道带

大体介于南北纬10°之间。这里终年高温多雨，年均温25℃～28℃，年降水量为1 500～2 000米，赤道附近可达2 000～3 000毫米。

赤道带处在赤道低压区，全年气温高、风力微弱、蒸发旺盛，加之有赤道洋流引起海水的垂直交换，使下层营养盐类上升，生物养料比较丰富，故鱼类较多，主要有鲨、鲟等，飞鱼为赤道带典型鱼类。

南热带

位于南纬10°～30°。本带由于高压特别强盛，致使热带位置向北推移，其他特征和成因均与北热带基本相同，亦属少生物型。

南温带

大体介于南纬30°～60°。这里全年盛行西风，其中南纬40°～60°的洋面上，因与三大洋相互连通，风力很强，素有"咆哮西风带"之称。

南温带的热量、降水状况类似北温带。海洋生物的发育和生长条件与北温带相似。海生植物繁茂，巨型藻类生长极好，浮游生物丰富，是南半球海洋动物最多的地带。

这里生活着几种南、北温带均可见到的动物类群，如海豹、海狗、鲸以及刀鱼、小鳀鱼、鲨鱼等。冬季有南方的海洋动物在此越冬，夏季有热带海洋动物前来肥育。在非洲大陆西南和南美洲秘鲁沿海，因为有上升流存在，把深层海水中丰富的营养盐类和有机物质带到海水表层，使浮游生物大量繁殖，因而鱼类非常丰富，成为南半球重要的捕捞区。

南极带

大致在南纬60°以南到南极大陆之间。这里全年盛行来自极地的东南风，水温很低，冬季严寒；夏季最热份为2月，平均气温在0℃以下；年降水量为100～250毫米。

在短促的夏季，南极带有温带的回游鱼类来这里肥育；由于南极海域有丰富的磷虾为饵料，所以有较多的鲸类生活在这里；此外还有海豹、海狗、海驴和企鹅等一些鸟类。

南极带和北极带一样，生物种类较少，但个别种类如硅藻、磷虾和企鹅等的数量很多。

20世纪70年代后期以来，科学家对海洋自然带又作了进一步的详细划分：从南、北极带中划分出亚南极带与亚北极带；从南、北热带中划分出南亚热带和北亚热带。最终将世界海洋划分为11个自然带，每个带同陆地上的自然带相对应。

3. 陆地低纬度地区自然带

热带雨林带

分布于赤道带的湿润大陆地区和岛屿上，如亚马孙平原、刚果盆地和东南亚的岛屿。本带气候属于赤道多雨类型，终年高温，各月平均气温在25℃以上；降水充沛，年降水量在2 000毫米左右。整个环境过度湿润，适于热带雨林生长。这里树种繁多，乔木高大、常

亚马孙热带雨林

绿浓密，林冠排列多层，林内藤本植物纵横交错，附生植物随处可见。林中动物以鸟类和猿猴目最为活跃。林下的风化地壳上，发育着热带的砖红壤。

热带稀树草原带

位于热带雨林带的两侧，在非洲和南美洲有着广泛的分布，而在澳大利亚、中美洲和亚洲的相应地带则分布不广。

本带气候属于热带干湿季分明的类型，最大的特征是一年中有长达 4 个月以上的干季。热带稀树草原也称"萨王纳群落"，主要是由高大的禾本科植物所构成。在草本植被中间，零星地分布着成片的乔木或独株的乔木，如非洲的波巴布树、南美洲的纺锤树等，它们都具有能储藏大量水分的旱生构造。

热带稀树草原带

热带稀树草原的季相变化非常明显，雨季草木繁茂，干季草原呈现一片黄褐景色。善于疾驰的食草动物在这里得到了很好的发展，食肉动物也很丰富，如斑马、长颈鹿、犀牛、羚羊、狮、豹等。茂密的草本植物引起生草过度地发育，因此土壤中进行着腐殖质、氮和灰分养料元素的积聚，形成红棕色土。

热带荒漠带

位于副热带高压带和信风带的背风侧，在北非的撒哈拉、西南亚的阿拉伯半岛、北美的西南部、澳大利亚的中部和西部、南非及南美部分地区表现明显。气候属于全年干燥少雨的热带干旱与半干旱类型，植被贫乏，有大片无植被的地区。植物以稀疏的旱生灌木和少数草本植物以及一些雨后生长的短生植物为主。动物种类和数量都很少，成土过程进行得十分微弱，形成荒漠土。

4. 陆地中纬度地区自然带

亚热带常绿硬叶林带

分布在南北纬30°~40°的大陆西部，如地中海沿岸、非洲大陆的西南端、澳大利亚大陆的西南沿海、北美洲的加利福尼亚沿海地区以及南美洲西部的智利中部。

亚热带常绿硬叶林带的气候属亚热带夏干型，主要形成常绿硬叶林带，以常绿灌丛林为主，发育着褐色土。

亚热带常绿阔叶林带

分布在南北纬25°~35°的大陆东部，如我国的长江流域、日本的南部和美国的东南部、澳大利亚的东南部、非洲东南部以及南美洲的东南部。这里的气候属于亚热带季风气候和亚热带湿润气候，常绿阔叶林是这里的主要植被，发育着亚热带的黄壤和红壤。

亚热带荒漠草原带

处在热带荒漠和亚热带森林带之间，包括亚热带常绿硬叶林带和亚热带常绿阔叶林带。

在北半球，亚热带荒漠草原带位于热带荒漠带的北缘；在南半球，它则出现在澳大利亚的南部以及非洲和南美洲南部的部分地区。这一自然带气候属于亚热带干旱与半干旱类型。随着由热带荒漠向纬度较高地区推进，年降水量有所增加，但最大降水量常出现在低温时期；夏季则高温、少雨，使本带干旱、缺水。

亚热带荒漠草原带的植被类型属于荒漠草原，通常生长有旱生灌木及禾本科植物，在较湿润的季节里有短生植物的生长，土壤属于半荒漠的淡棕色土。

温带阔叶林带

又称"夏绿阔叶林带"，主要分布于温带大陆的东部和西部。亚洲东部的夏绿林，包括我国东北和华北、日本群岛、朝鲜半岛、俄罗斯的勘察加半岛和萨哈林岛等地区，受温带季风气候影响，温带阔叶林带的阔叶树种类成分较欧洲丰富，有蒙古栎、辽东栎以及槭属、椴属、桦属、杨属等组成的杂木林；欧洲西部的夏绿林受温带海洋性气候影响，往往形成单一树种组成的纯林，如山毛榉林、栎林等；北美洲的夏绿林分布在五大湖以南，直到阿巴拉契亚山脉、密西西比河流域和大西洋沿岸低地，这里主要是温带大陆性湿润气候，植被以美洲山毛榉和糖槭组成的山毛榉林为主。

温带阔叶林的土壤主要为棕色森林土、灰棕壤和褐色土。动物种类比热带森林少，但个体数量较多，主要以有蹄类、鸟类、啮齿类和一些食肉动物最为活跃。

温带荒漠带

本带主要分布在亚欧大陆中部和北美大陆西部的一些山间高原上以及南美大陆南部的东侧。气候属于温带大陆性干旱类型。这里植被贫乏，只有非常稀疏的草本植物和个别灌木，土壤主要是荒漠土。

温带草原带

包括从东欧平原的南部到西伯利亚平原的南部，这是一条东西走向很宽的温带草原带；北美洲中部和南美洲南部的温带草原，由于一系列非地带性因素的影响，改变了呈东西向带状的分布形式。

温带草原的气候属于温带大陆性半干旱类型，植被以禾本科植物为主；土壤主要是黑钙土和栗钙土；啮齿类（如黄鼠、野兔）、有蹄类和一些食肉动物（如狼、狐等）是温带草原的主要动物。

陆地上高纬度地区自然带

（1）亚寒带针叶林带。主要分布在北半球大陆中、高纬度地区，约在北纬50°~70°，如亚欧大陆北部和北美大陆的北部，呈宽阔的带状东西伸展。这里属于亚寒带大陆性气候。冬季十分寒冷，夏季温暖潮湿；形成了由云杉、银松、落叶松、冷杉、西伯利亚松等针叶树组成的针叶林带；发育着森林灰化土；动物界主要以松鼠、雪兔、狐、貂、麋、熊、猞猁等耐寒动物为多。

（2）寒带苔原带。主要分布在亚欧大陆及北美大陆的最北部以及北极圈内的许多岛屿。这里气候严寒，冬季漫长多暴风雪；夏季短促，热量不足；土壤冻结，沼泽化现象广泛。由于这些环境条件不利于树木生长，因而形成以苔藓和地衣占优势的、无林的苔原带；土壤属于冰沼土；动物界比较单一，种数不多，特有动物为驯鹿、旅鼠、北极狐等；夏季有大量鸟类在陡峭的海岸上栖息，形成"鸟市"。

（3）寒带冰原带。几乎占有南极大陆的全部、格陵兰岛的大部以及极地的许多岛屿。这里全年由冰雪覆盖，气候终年严寒，最暖月的平均温度仅在某些地区高于0℃。植物非常稀少，仅在高出于冰雪之上的岩崖上，才有某些藻类和地衣生长。冰原带的动物界也很贫乏，南极大陆没有陆生哺乳动物，仅在沿岸地区特有企鹅一类的海鸟；在北极诸岛上有时可以看到白熊和白狐；在南、北半球冰原带的海水中，有鲸和海豹等。

第三章 五彩缤纷——自然地理

第一节 独领风骚——世界著名的山脉、山峰

1. 珠穆朗玛峰

珠穆朗玛峰简称"珠峰",在尼泊尔被称为"萨迦马塔峰",位于我国和尼泊尔交界的喜马拉雅山脉之上。它的北坡在我国西藏境内,南坡在尼泊尔境内。珠穆朗玛峰的海拔为 8 844.43 米,是喜马拉雅山脉的主峰,也是世界上最高的山峰。这里终年积雪,气候恶劣。

藏语"珠穆朗玛"是"大地之母"的意思,"珠穆"意为"女神";尼泊尔语"萨迦玛塔"的意思是"天空的女神"。神话传说中的珠穆朗玛峰是长寿五天女所居住的宫室。在喜马拉雅山脉中,海拔在 7 000 米以上的高峰有 50 多座,8 000 米以上的有 16 座,著名的有南峰、希夏邦马峰、干城章嘉峰,最高峰为珠穆朗玛峰。

珠穆朗玛峰地形极其险峻,地理环境异常复杂。它的山体呈巨型金字塔状,北坡的雪线高度为 5 800~6 200 米,南坡为 5 500~6 100 米;山脊和峭壁之间分布着 500 多条大陆型冰川,总面积达 1 457.07 平方千米,平均厚度为 7 260 米。这里冰川的补给

珠穆朗玛峰

主要靠印度洋季风带两大降水带积雪变质形成。冰川上有千姿百态、瑰丽罕见的冰塔林，又有高达数十米的冰陡崖和步步陷阱的明暗冰裂隙，还有险象还生的冰崩雪崩区。

珠穆朗玛峰峰顶的最低气温常年在 - 34℃。山上的一些地方常年积雪不化，冰川、冰坡、冰塔林到处可见。峰顶空气稀薄，空气的含氧量只有东部平原地区的1/4，经常刮七八级大风，十二级大风也不少见。

在珠穆朗玛峰周围20千米的范围内，群峰林立，山峦叠障。仅海拔7 000米以上的高峰就有40多座。其中，比较著名的有南面海拔8 463米的洛子峰和海拔7 589米的卓穷峰；东南面是海拔8 463米的马卡鲁峰；北面3千米处是海拔7 543米的章子峰，西面是海拔7 855米的努子峰和7 145米高的普莫里峰。

珠穆朗玛峰

珠穆朗玛峰地区及附近高峰的气候复杂多变，即使在一天之内，也往往变幻莫测。大体来说，这里每年的6月初至9月中旬为雨季，强烈的东南季风造成暴雨频繁、云雾弥漫、冰雪肆虐无常的恶劣气候；11月中旬至第二年2月中旬，因受强劲的西北寒流控制，气温可达－60℃，平均气温在－50℃～－40℃。珠穆朗玛峰地区最大风速可达90米/秒，每年3月初至5月末，是风季过度至雨季的春季，而9月初至10月末是雨季过度至风季的秋季。在此期间，有可能出现较好的天气，是登山的最佳季节。

百科小知识

珠穆朗玛峰登顶之最

最先登上珠峰的人：1953年5月29日上午11时30分，新西兰人埃德蒙·希拉里和登山向导尼泊尔人谢尔巴人丹增·诺盖首次从尼泊尔境内成功登上珠穆朗玛峰；当时，珠穆朗玛峰的海拔为8848米。

首次从珠峰北坡成功登顶的人：1960年5月25日凌晨4点20分，我国三位登山勇士王富洲、贡布和屈银华从我国境内的珠穆朗玛峰北坡成功登上珠穆朗玛峰，书写了人类高山探险史上的一个壮举。

从北坡登顶珠峰的第一位女运动员：1975年5月27日，我国女运动员潘多成功登上的珠穆朗玛峰，成为世界上第一个从北坡登上珠峰的女性。而此时潘多已经37岁了，而且是三个孩子的母亲，这是世界登山史上一个前所未有的奇迹。

登顶珠峰年纪最大的女运动员：2000年5月22日，来自波兰的50岁登山运动员安娜·克泽文斯卡从尼泊尔一侧登顶珠穆朗玛峰，成为登顶珠峰年纪最大的女子登山运动员。她也是首位成功登上7个大洲最高峰的波兰女子登山运动员。

12次登上珠峰的"第一人"：42岁的尼泊尔人阿帕夏尔巴从1990年到2002年期间已成功攀登珠穆朗玛峰12次，创造了世界登山界的奇迹。目前为止，他是攀登珠峰次数最多的人。

速度最快的登珠峰登顶者：在11年时间里，尼泊尔人巴布·奇里先后10次登上珠峰，创造了多项世界纪录。1995年，奇里在14天里连续两次登上珠峰峰顶，这在世界上是绝无仅有的。1999年5月6日，奇里不依靠氧气，仅用16小时56分钟就从位于5200米的露营基地登上珠穆朗玛峰，并因此被列入《吉尼斯世界纪录大全》。

首次登顶珠峰的盲人：2002年5月25日10时，美国32岁的盲人埃里克·韦恩迈耶成功登上珠峰，创造了登山史的奇迹。这位登山勇士依靠队友衣服上的铃铛来辨别方向，在冰天雪地中保持身体平衡，完成了极限挑战。后来，他又成功攀登了包括阿空加瓜山、乞立马扎罗山等世界其他高峰。

首次同时登上珠峰的夫妻：2001年，为了从珠峰峰顶上采集民运会圣火火种——"中华民族圣火"，我国的仁那和吉吉夫妻成功登上峰顶，创造了夫妇同时攀登珠峰的世界第一。

2. 阿尔卑斯山脉

阿尔卑斯山脉是欧洲南部的著名山脉。它西起法国东南部的尼斯附近地中海海岸，呈弧形向东北延伸，经意大利北部、瑞士南部、列支敦士登、德国西南部，东至奥地利的维也纳盆地；它的总面积约为22万平方千米，长约1 200千米，宽120～200千米，东宽西窄，平均海拔在3 000米左右。

阿尔卑斯山脉

阿尔卑斯山脉是西欧自然地理区域中最显要的景观。它分为三段：西段的阿尔卑斯山为山系最窄部分，也是高峰最集中的山段。它从地中海岸，经法国东南部和意大利的西北部，到瑞士边境的大圣伯纳德山口附近；主峰勃朗峰海拔4 810米，位于法国和意大利的边境上，是整个山脉的最高点。中段的阿尔卑斯山，介于大圣伯纳德山口和博登湖之间，宽度最大；主要山峰有海拔4 479米的马特峰和4 634米的蒙特罗莎峰。东段的阿尔卑斯山在博登湖以东，海拔低于西、中两段阿尔卑斯山。

阿尔卑斯山除了主山系外，还有四条支脉伸向中南欧各地：向西一条伸进伊比利亚半岛，称为"比利牛斯山脉"；向南一条为亚平宁山脉，它构成了亚平宁半岛的主脊；东南一条称"迪纳拉山脉"，它纵贯整个巴尔干半岛的西侧，并伸入地中海，经克里特岛和塞浦路斯岛直抵小亚细亚半岛；东北一条称"喀尔巴阡山脉"，它在东欧平原的南侧一连拐了两个大弯然后自保加利亚直临黑海之滨。

阿尔卑斯山的迷人景色

阿尔卑斯山脉是欧洲最大的山地冰川中心，山区为厚达1千米的冰盖所覆。除少数高峰突出冰面构成岛状山峰外，各种类型冰川地貌也都在发育，冰蚀地貌尤其典型。许多山峰岩石嶙峋、挺拔峻峭，并有许多冰蚀崖、U形谷、冰斗、悬谷、冰蚀湖等，此外冰碛地貌亦广泛分布于此。现在还有1 200多条现代冰川，总面积约4 000平方千米，其中以中阿尔卑斯山麓瑞士西南的阿莱奇冰川最大，长约22.5千米，面积约130平方千米。

阿尔卑斯山脉海拔3 000米以上处是终年积雪的，融化的冰雪及山间小溪供给着欧洲数条著名河流，如罗讷河、莱茵河、多瑙河、波河等。

　　阿尔卑斯山脉是一条年轻的褶皱层山脉，它是古地中海的一部分。早在1.8亿年前，由于板块运动，北大西洋扩张，南面的非洲板块向北面推进，古地中海下面的岩层受到挤压弯曲，向上拱起，由此造成的非洲和欧洲间的相对运动致使阿尔卑斯山系逐渐形成。阿尔卑斯造山运动时形成一种褶皱与断层相结合的大型构造推覆体，使一些巨大岩体被掀起移动数十千米，覆盖在其他岩体之上，形成了大型水平状的平卧褶皱。整个山脉到处都是锯齿形的山峰，这种崎岖险峻的地貌被称为"阿尔卑斯型地貌"。这是第四纪冰川侵蚀的结果。

阿尔卑斯山风光

　　阿尔卑斯山脉也是现代冰川最为发达的地区。冰川的活动还造就了阿尔卑斯山脉中星罗棋布的湖泊。由于冰川巨大的磨蚀作用，这些山地中形成了湖泊，被称为"冰蚀湖"。这些湖泊大多是冰碛湖和构造湖，主要分布在阿尔卑斯山脉的南北两侧，仅在瑞士境内的湖泊就有1 000多个；较大的有日内瓦湖、纳沙泰尔湖、苏黎世湖等，其中，日内瓦湖最大，面积581平方千米，深309米，美丽的湖区是旅游的胜地。

　　阿尔卑斯山脉地处温带和亚热带纬度之间，成为中欧温带大陆性湿润气候和南欧亚热带夏干气候的分界线，同时具有山地垂直气候特征。

　　阿尔卑斯山脉的植被呈明显的垂直变化，主要有山脉南坡800米以下的亚热带常绿硬叶林带；800~1 800 米广布的森林，下部是混交林，上部是针叶林；森林带以上为高山草甸带；再上则多为裸露的岩石和终年积雪的山峰。

阿尔卑斯山脉冬凉夏暖，阳坡暖于阴坡。山脉上的高峰全年寒冷，海拔2 000米的地方年平均气温为0℃；山地年降水量一般为1 200~2 000毫米，但因地而异。海拔3 000米左右为最大降水带，高山区年降水量超过2 500毫米，背风坡山间谷地只有750毫米。

阿尔卑斯山脉植物带中，谷底和低矮山坡上生长着各种落叶树木；其中有椴树、栎树、山毛榉、白杨、榆、栗、花楸、白桦、挪威枫等。在永久雪线以下和林木线以上约914米宽的地带是冰川作用侵蚀过的地区，这里覆盖着茂盛的草地，在短暂的盛夏期间有牛羊放牧。这些与众不同的草地被称为"高山盛夏牧场"。在沿海阿尔卑斯山脉南麓和意大利阿尔卑斯山脉南部，主要分布着地中海植物，有海岸松、棕榈、稀疏的林地和龙舌兰，仙人果也不少。

阿尔卑斯山景色十分迷人，是世界著名的风景区和旅游胜地，被世人称为"大自然的宫殿"和"真正的地貌陈列馆"，这里还是冰雪运动的圣地、探险者的乐园。景色壮观的勃朗峰、卢卡诺峰、勃都朗吉峰、杜夫尔峰等名山吸引着许多慕名而来的世界各地旅游者。

阿尔卑斯山滑雪

西、中阿尔卑斯山风景宜人，设有现代化旅馆、滑雪坡和登山吊椅等。山麓与谷地间的不少村镇，山清水秀，环境幽雅，是休假和疗养的旅游胜地。夏天，这里是避暑胜地；冬季，这里是冬季运动之乡。众多的游客为阿尔卑斯山的所在国带来了大量的外汇收入。

阿尔卑斯山脉蕴藏着丰富的矿藏和水力资源。在法国，阿尔卑斯山区的水利资源为发展水电提供了便利条件，法国的铝矿产地也集中于此，矿产、水力和森林资源大大地促进了法国的炼铝工业和造纸工业。

3. 乞力马扎罗山

乞力马扎罗山位于坦桑尼亚东北部，是非洲最高的山脉，海拔为 5 896 米，面积达 756 平方千米。它是坦桑尼亚与肯尼亚的分水岭，距离赤道仅 300 多千米。乞力马扎罗山素有"非洲屋脊"之称，也有"非洲之王"的美称。在斯瓦希里语中，乞力马扎罗山意为"闪闪发光的山"。

乞力马扎罗山

乞力马扎罗山有乌呼鲁和马文济两个主峰，两峰之间有一个10多千米长的马鞍形的山脊相连。远远望去，乞力马扎罗山就像是一座孤单耸立的高山，在辽阔的东非大草原上拔地而起，高耸入云，气势磅礴。在长而扁平的乌呼鲁峰顶上，有一个直径为2 400米、深达200米的盆状的巨型火山口；口内四壁是晶莹无瑕的巨大冰层，底部耸立着巨大的冰柱，冰雪覆盖，宛如巨大的玉盆。山峰中央的火山锥称为"基博峰"，海拔为5 895米。

乞力马扎罗山山麓的气温有时高达59℃，而峰顶的气温又常在-34℃，因此它又有"赤道雪峰"之称。乞力马扎罗山一直是一座神秘而迷人的高山，它在坦桑尼亚人心中具有无比神圣的地位，很多部族每年都要在山脚举行传统的祭祀活动——拜山神、求平安。

赤道雪峰

根据气候的山地垂直分布规律，乞力马扎罗山的气候属于非地带性分布。海拔1 000米以下为热带雨林带，1 000～2 000米为亚热带常绿阔叶林带，2 000～3 000米为温带森林带，3 000～4 000米为高山草甸带，4 000～5 200米为高山寒漠带，5200米以上为积雪冰川带。从山麓到山顶，乞力马扎罗山的周围高原是半干旱的灌木丛、南坡水源充足的农田、茂密的云林、开阔的沼地、高山荒漠、苔藓和地衣的共生带，那里生活着众多的哺乳动物，其中一些还是濒于灭绝的种类，雪线上还生存有著名的赤道企鹅。山坡上的年降水量平均为 1 780 毫米。南坡和东坡上的水流供给潘加尼河、察沃河和吉佩湖；而北坡上的水流则供给安博塞利湖和察沃河；帕雷山脉从乞力马扎罗山向东南延伸。

乞力马扎罗山所在的地区是坦桑尼亚的淡咖啡、大麦、小麦和蔗糖的主要产区之一；其他作物有琼麻、玉米、各种豆类、香蕉、金合欢树皮、棉花、除虫菊和马铃薯。

乞力马扎罗山国家公园和森林保护区占据了整个乞力马扎罗山及周围的山地森林。乞力马扎罗山国家公园由林木线以上的所有山区和穿过山地森林带的 6 个森林走廊组成。

近年来，由于全球气候变暖和环境恶化，乞力马扎罗山顶的部分积雪融化，冰川退缩非常严重，乞力马扎罗山"雪冠"一度消失。如果情况持续恶化，15年后乞力马扎罗山上的冰盖将不复存在。违法的伐木业、木炭生产业、采石业及森林火灾加剧了冰盖的融化，对这个地区的生态系统带来严重破坏。资料显示，气候变暖导致乞力马扎罗山的冰川体积在过去的 100 年间减少了将近80%，造成附近居民的饮用水供应减少。

4. 落基山脉

落基山脉是美洲科迪勒拉山系在北美的主干，被称为"北美洲的脊骨"。它从美国的阿拉斯加到墨西哥，南北纵贯 4 500 多千米；虽则广袤，但缺乏植被。巍峨的落基山脉绵延起伏，整个山脉由众多小山脉组成，其中有名称的就有 39条。这条巨大的山脉南北狭长，北起加拿大西部，南达美国西南部的得克萨斯州一带，几乎纵贯美国全境。除圣劳伦斯河外，北美几乎所有大河都源于落基山脉，如密西西比河、阿肯色河、密苏里河、科罗拉多河等，还有不少河流靠山顶的冰雪融化供给水源。山脉以西的河流属太平洋水系，山脉以东的河流分别属北冰洋水系和大西洋水系。落基山脉积雪融化补充河流和湖泊的水源，占美国全部淡水水源的1/4，从落基山脉发源的河流流入太平洋、大西洋和北冰洋。

落基山脉占北美大陆西部主要地形区大高原体系的大部地区。

南部的落基山地大多呈南北走向，许多山峰挺拔陡峭，山间小溪到处可见，景色十分迷人。这里的山体多由前寒武纪的结晶岩组成，海拔高度在 4 000 米以上。其中，埃尔伯特山最高，是落基山脉中的最高点。峰顶常常由于恶劣的天气影响，终年覆盖积雪，形成奇特异常的冰斗、冰凌，十分壮观。

落基山脉

落基山脉南部山地

北部的落基山地主要由水成岩构成，庄严的山峰和"U"形的山各代替了松软的高原。由于冰川的作用，形成了特殊的地貌。

中部的落基山地以高原为主，中间有些山块。这里地质构造复杂、火山活动活跃，产生了许多温泉和间歇泉。黄石公园的"老实泉"就是驰名世界的间歇泉。中部山地还有一个巨大的怀俄明盆地，四周高山环绕，气候干燥，年降雨量多少于 350 毫米，几乎寸草不生，属于半荒漠景观地带。落基山脉雄伟壮观，风光独特，这里建有黄石公园、冰河公园和大台顿公园，吸引了大批游客前来观光、旅行和度假。

落基山脉中部山地

落基山脉是北美大陆重要的气候分界线。对极地太平洋气团东侵和极地加拿大气团或热带墨西哥湾气团西行起屏障作用，导致大陆东、西降水的巨大差异，并对气温分布产生一定的影响。西以冬雨为主，除北纬40°以北的沿海和迎风坡降水较多外，年降水量皆在 500 毫米以下，冬季气温则高于同纬度东部各地；东以夏雨为主，除北部高纬地区和紧靠山地的部分大平原地区降水较少外，年降水量都在 500 毫米以上。

发源于落基山脉的河流

落基山脉处于高原气候区,年平均气温为6℃,7月份温度最高,平均为28℃,1月份平均温度为-14℃,年平均降雨量为360毫米。落基山区夏季温暖干燥,冬季寒冷湿润。

落基山脉是北美洲著名的金属矿区,矿产资源丰富,著名的有加拿大苏里文的锌,美国比尤特和宾翰的铜、银、锌、铅,科达伦的铅、银、锌,科莱马克斯的钼等。落基山脉许多地区还蕴藏着大量的非金属物质,包括岩状磷酸盐、钾碱、天然碱、镁盐和锂盐、芒硝、石膏、石灰岩和白云石。在落基山脉各个盆地还含有大量石油和天然气田,美国的亚伯达、怀俄明、新墨西哥、蒙大拿、科罗拉多和犹他州都有大量生产,其中保德河盆地为主要产区之一。

5. 安第斯山脉

安第斯山脉是世界上最长的山脉,长度几乎是喜玛拉雅山脉的三倍多。它属于美洲的科迪勒拉山系,全长约8 900千米。平均宽度约为300千米,最宽处约为750千米。整个山脉的平均海拔为3 660米,并且有许多高峰终年积雪,海拔超过6 000米。

安第斯山脉

安第斯山脉由一系列的平行山脉和横断山体组成，间或有高原和谷地，超过6 000米的高峰就有50多座。其中，海拔7 010米的汉科乌马山为西半球的最高峰。安第斯山脉的地形十分复杂，南段的山脉低狭单一，山体破碎，多为冰川湖；中段的山体高度最大，夹有宽广的山间高原和深谷，这里曾经是印加人文化的发祥地；北段的山脉呈条状分布，这里有广谷和低地，并多有火山，地震活动频繁。

在地质上，安第斯山脉属于年轻的褶皱山系。它是早期地质活动期间地球板块运动的结果。它历经多次褶皱、抬升以及断裂、岩浆侵入和火山活动，地壳活动仍在继续，为环太平洋火山、地震带的一部分。

安第斯山脉的帕里纳科塔火山

安第斯山脉的最高峰是位于阿根廷境内的阿空加瓜山，海拔6 962米，也是世界上最高的死火山群，共有40多座活火山。此外，哥多伯西峰上的尤耶亚科火山是世界最高的活火山，海拔6 723米。

与世界其他山区一样，由于方位、纬度、昼长和迎风面及其他因素相互作用，安第斯山脉地区形成了各种不同的小气候。特别是秘鲁，因为小气候众多，是世界上自然环境最复杂的地区之一。安第斯山脉的气候和植被类型复杂多样，垂直分带明显，随纬度、高度和坡向而异。北段地区地处低纬，具有热带湿润的

印加文化遗址

基本气候特征；山脉的低地和低坡地带终年高温，年平均气温在27℃以上，年降水量大多超过2 000毫米，这里热带山地常绿林所占比重很大。中段地区自北向南气温年较差增大，降水量减少，主要干旱特征。南段地处中、高纬度地区，体现温凉湿润特征，最冷月平均气温在0℃以上，最热月份平均气温低于10℃。

安第斯山脉

安第斯山脉不仅是南美洲诸重要河流的发源地，还是世界上最重要的矿区之一。这里森林资源丰富，铜、锡、银、金、铂、理、锌、铋、钒、钨和硝石等重要矿藏储量较大。其中，最突出的是铜矿，秘鲁南部至智利中部的矿区是世界最大的斑岩型铜矿床的一部分。世界最大的地下铜矿采矿场就在这里的山脉中，深达 1 200 米，采矿坑道总长超过 2 000 多千米。石油资源主要分布在安第斯山北段的山间构造谷地或盆地中。

6. 文森峰

文森峰是南极洲的最高峰，海拔 4 892 米，山顶距南极点约为 1 200 千米，山体长为 21 千米，宽为 13 千米。它位于西南极洲，是南极大陆埃尔沃斯山脉的主峰。

文森峰

文森峰山势险峻，且大部分终年被冰雪覆盖，交通困难，夏季气温在 -40℃ 左右，被称为"死亡地带"。

文森峰的高度虽然不高，但在七大洲最高峰中，它是最后一座被登顶的山峰。1966 年 12 月 17 日，美国登山队首次登顶该峰。1988 年 12 月 3 日，我国的登山队员李致新、王勇峰登顶文森峰。目前，全世界至少已有 100 多名登山者成功登顶文森峰。

第二节　大漠孤烟——我国最美的五大沙漠

1. 巴丹吉林沙漠

巴丹吉林沙漠位于我国内蒙古自治区阿拉善右旗北部，面积 4.7 万平方千米，是我国第三、世界第四大沙漠。它的西北部还有 1 万多平方千米的地域至今尚无人类的足迹，海拔约为 1 200 ~ 1 500 米。

巴丹吉林沙漠

巴丹吉林沙漠占阿拉善右旗总面积的39%，相对高度200～500米，是中国乃至世界最高沙丘所在地。宝日陶勒盖的鸣沙山，高达200多米，峰峦陡峭，沙脊如刃，高低错落，沙子下滑的轰鸣声响彻数千米，有"世界鸣沙王国"之美称。

奇峰、鸣沙、湖泊、神泉、寺庙堪称巴丹吉林的"五绝"。由于风力的作用，巴丹吉林沙漠的沙丘呈现沧海巨浪、巍巍古塔的美妙奇观。

沙漠中的湖泊星罗棋布，有113个之多。其中，常年有水的湖泊达74个，淡水湖12个，总水面4.9万亩；湖泊芦苇丛生，水鸟嬉戏，鱼翔浅底，享有"漠北江南"之美誉。

巴丹吉林沙漠腹地

沙漠东部和西南边沿，茫茫戈壁一望无际，形状怪异的风化石林、风蚀蘑菇石、蜂窝石、风蚀石柱、大峡谷等地貌令人叹为观止。生动记录狩猎和畜牧生活的曼德拉山岩画，被称为"美术世界的活化石"。

2. 塔克拉玛干沙漠

塔克拉玛干沙漠位于塔里木盆地中心，东西长约 1 000 千米，南北宽约 400 千米，面积 33.76 平方千米，仅次于非洲撒哈拉大沙漠，为世界第二大沙漠。"塔克拉玛干"维吾尔语意为"进去出不来"，又称"死亡之海"。

塔克拉玛干沙漠

传说很久以前，人们渴望能引来天山和昆仑山上的雪水浇灌干旱的塔里木盆地，一位慈善的神仙有两件宝贝，一件是金斧子，一件是金钥匙。神仙被百姓的真诚所感动，把金斧子交给了哈萨克族人，用来劈开阿尔泰山，引来清清的山水；他想把金钥匙交给维吾尔族人，让他们打开塔里木盆地的宝库。不料，金钥匙被神仙小女儿玛格萨丢失了。神仙一怒之下，将女儿囚禁在塔里木盆地，从此盆地中央就成了塔克拉玛干大沙漠。

塔克拉玛干沙漠流动沙丘面积广大，沙丘高度一般在 100～200 米，最高达

300 米左右。在沙漠腹地，沙丘的类型复杂多样。复合型的沙山和沙垄，宛若憩息在大地上的条条巨龙；塔型沙丘群，呈各种蜂窝状、羽毛状、鱼鳞状，变幻莫测。沙漠腹地有两座红白分明的高大沙丘，名为"圣墓山"，分别由红沙岩和白石膏组成的沉积岩露出地面后形成。

塔克拉玛干沙漠腹地

圣墓山上的风蚀蘑菇，奇特壮观，高约 5 米，巨大伞盖下可容纳 10 余人。白天，塔克拉玛干赤日炎炎，银沙刺眼，沙面温度有时高达 70℃～80℃。旺盛的蒸发使地表景物飘忽不定，游人常常会看到远方出现朦朦胧胧的"海市蜃楼"幻景。

塔克拉玛干沙漠四周，沿着叶尔羌河、塔里木河、和田河和车尔臣河两岸，生长发育着密集的胡杨林和怪柳灌木，形成"沙海绿岛"。沙层下有丰富的地下水资源和石油等矿藏资源。

风蚀蘑菇

百科小知识

光学幻景——海市蜃楼

沙漠中的海市蜃楼

海市蜃楼是一种因光的折射而形成的自然现象，是地球上物体反射的光经大气折射而形成的虚像。

海市蜃楼简称"蜃景"，它是由密度不同的海面上暖空气与高空中冷空气对光线折射而产生的。平静的海面、大江江面、湖面、雪原、沙漠或戈壁等地方，偶尔会在空中或"地下"出现高大楼台、城廓、树木等幻景。我国山东蓬莱海面上常出现这种幻景。

蜃景不仅能在海上、沙漠中产生，柏油马路上偶尔也会看到。海市蜃楼是光线在铅直方向密度不同的气层中，经过折射造成的结果。

3. 古尔班通古特沙漠

古尔班通古特沙漠是我国第二大沙漠。"古尔班通古特"是蒙语，"古尔班"表示"三个"的意思。

古尔班通古特沙漠腹地

古尔班通古特沙漠位于准噶尔盆地的中央，玛纳斯河以东及乌伦古河以南地区，面积4.88万平方千米，海拔300～600米。它由4片沙漠组成，西部为索布古尔布格莱沙漠；东部为霍景涅里辛沙漠；中部为德佐索腾艾里松沙漠；北部为阔布北—阿克库姆沙漠。

古尔班通古特沙漠原以固定半固定沙丘为主，自从20世纪50年代末开始，这里出现流动沙丘。

古尔班通古特沙漠是观光考察自然生态与人工生态的理想之地。这里有寸草不生、一望无际的沙海黄浪，也有红柳盛开的绿岛风光；有千变万化的海市蜃楼幻景，也有千奇百怪的风蚀地貌造型；有风和日丽、黄羊漫游、苍鹰低旋的静谧画面，也有狂风大作、飞沙走石、昏天黑地的惊险场景。

古尔班通古特沙漠不仅有各种奇观异景，而且保留了大量珍贵的古"丝绸之路"文化遗迹，北庭都护府遗址、土墩子大清真寺、烽火台、马桥故城、西泉冶炼遗址、头道沟古城遗址等都在这条通道附近。

4. 鸣沙山、月牙泉沙漠

鸣沙山、月牙泉位于甘肃省河西走廊西端的敦煌市。敦煌是古代"丝绸之路"上的名城重镇。在漫长的中西文化交流的历史长河中，这里曾经是中西文化名流荟萃之地。由于彼此之间的取精用宏、相互交融，创造了世界瞩目的"敦煌文化"，为人类留下了众多的文化瑰宝。

鸣沙山、月牙泉奇观

这里不仅有举世闻名的文物宝库——莫高窟，还有"大漠孤烟、边墙障，古道驼铃，清泉绿洲"等多姿多采的自然风貌和人文景观。其中鸣沙山月牙泉风景名胜区，就是敦煌诸多自然景观中的姣姣者。古往今来以"沙漠奇观"著称于世，被誉为"塞外风光之一绝"。

鸣沙山、月牙泉和莫高窟艺术景观是敦煌城南一脉相连的"三大奇迹"。成为我国乃至世界人民向往的旅游胜地。

鸣沙山

鸣沙山距离敦煌城南5 000米，因沙动成响而得名。鸣沙山的山由流沙积成，沙分红、黄、绿、白、黑五色，汉代称"沙角山"，又名"神沙山"，晋代始称"鸣沙山"。其山东西绵亘40多千米，南北宽约20多千米，主峰海拔1 715米，沙垄相衔，盘桓回环。此种景观实属世界罕见。

月牙泉

月牙泉处于鸣沙山环抱之中，因形状酷似一弯新月而得名。月牙泉古称"沙井"，又名"药泉"，面积13.2亩，平均水深4.2米，水质甘洌，澄清如镜。流沙与泉水之间仅数十米。但遇到烈风而泉不被流沙所掩没，地处戈壁而泉水不浊不涸。这种沙泉共生、泉沙共存的独特地貌，确为"天下奇观"。

鸣沙山和月牙泉是大漠戈壁中一对孪生姐妹，"山以灵而故鸣，水以神而益秀"。游人无论从山顶鸟瞰，还是泉边畅游，都会骋怀神往，确有"鸣沙山怡性，月牙泉洗心"之感。

5. 沙坡头沙漠

古老的黄河野马般地奔腾着穿山越谷，经黑山峡一个急转弯流入宁夏的中卫境内。这一个急转弯，使黄河一改往日的汹涌，它平静缓流，滋润两岸沃土，造就了一个神奇的自然景观——沙坡头。

沙坡头沙漠

沙坡头，位于宁夏回族自治区中卫县城西20千米处的腾格里沙漠南缘、黄河北岸，因在河岸边形成一个宽 2 000 米、高约 100 米的大沙堤而得名"沙陀头"，讹音"沙坡头"。

百米沙坡，倾斜 60 度，天气晴朗，气温升高，人从沙坡向下滑时，沙坡内便发出一种"嗡嗡"的轰鸣声，犹如金钟长鸣，悠扬宏亮，故得"沙坡鸣钟"之誉，是中国四大响沙之一。

沙坡头沙漠

站在沙坡下抬头仰望，但见沙山悬若飞瀑，人乘沙流，如从天降，无染尘之忧，有钟鸣之乐，所谓"百米沙坡削如立，碛下鸣钟世传奇，游人俯滑相嬉戏，婆娑舞姿弄清漪"正是这一景观的写照。

第四章　博大精深——人文地理

人文地理学是从人类文化的空间组合的角度，解释各种文化要素如何使不同地区具有各种区域特征，它的发展对于地理学的发展有重要作用。

第一节　源远流长——我国地理文化

1. 丝绸之路

丝绸之路简称"丝路"，是指西汉时期，由张骞出使西域开辟的以长安（今西安）为起点，经甘肃、新疆，到中亚、西亚，并联结地中海各国的陆上通道。由于这条路西运的货物以丝绸制品为主，架起了东西方交流和贸易的桥梁，因此影响巨大。

自从张骞通西域以后，中国和中亚及欧洲的商业往来迅速增加。通过这条贯穿亚欧的大道，中国的丝、绸、绫、缎、绢等丝制品，源源不断地运向中亚和欧洲，因此，希腊、罗马人称中国为"赛里斯"国，称中国人为"赛里斯"人。所谓"赛里斯"即"丝绸"之意。陆上丝路因地理走向不一，又分为"北方丝

路"与"南方丝路"。因所经地区的地理景观差异很大,人们又把丝路细分为
"草原森林丝路"、"高山峡谷丝路"和"沙漠绿洲丝路"。在古代,丝绸是中国
沿商路输出的代表性商品,而作为交换的主要回头商品,也被用做丝路的别称,
如"皮毛之路"、"玉石之路"、"珠宝之路"和"香料之路"。

丝绸之路

　　北方陆上丝路指由黄河中下游通达西域的商路,包括草原森林丝路、沙漠绿
洲丝路。沙漠绿洲丝路延续千余年,沿线文物遗存多,是丝路的主干道。其起点
一般认为是长安(今西安),其实它会随朝代更替、政治中心转移而变化。长
安、郑郾—洛阳、平城(今大同)、汴梁(今开封)、大都—燕京—北京曾先后
为丝路起点。草原森林丝路从黄河中游北上,穿蒙古高原,越西伯利亚平原南部
至中亚分两支,一支西南行达波斯转西行,另一支西行翻乌拉尔山、越伏尔加河
抵黑海滨。两路在西亚会合抵地中海沿岸国家。沙漠绿洲丝路是北方丝路的主干
道,全长7 000多公里,分东、中、西三段。东段为长安至敦煌,中段为敦煌至
葱岭(今帕米尔)或怛罗斯(今江布尔),西段为葱岭至罗马。

　　丝绸之路的开辟是人类文明史上的一个伟大创举,也是古代东西方最长的国
际交通路线,它是丝路沿线多民族的共同创造,所以又称之为"友谊之路"。

　　丝绸之路有力地促进了东西方的经济文化交流,对促成汉朝的兴盛产生了积
极的作用。这条丝绸之路,至今仍是中西交往的一条重要通路。

如今，丝绸之路完成了它的使命，已被东起连云港、西至荷兰鹿特丹的 1 万多千米国际铁路线所取代，但是它仍有可开发的新价值。

2. 茶马古道

茶马古道是指存在于中国西南地区，以马帮为主要交通工具的民间国际商贸通道，是中国西南民族经济文化交流的走廊，茶马古道是一个非常特殊的地域称谓，是一条世界上自然风光最壮观、文化最为神秘的旅游绝品线路，它蕴藏着开发不尽的文化遗产。

茶马古道

茶马古道起源于唐宋时期西南边疆的"茶马互市"。康藏属高寒地区，海拔都在三四千米以上，糌粑、奶类、酥油、牛羊肉是藏民的主食。在高寒地区，需要摄入含热量高的脂肪，但没有蔬菜，糌粑又燥热，过多的脂肪在人体内不易分解，而茶叶既能够分解脂肪，又防止燥热。藏民在长期的生活中，养成了喝酥油茶的高原生活习惯，但藏区不产茶。而在内地，民间役使和军队征战都需要大量的骡马，但供不应求，而藏区和川、滇边地则产良马。于是，具有互补性的茶和马的交易即"茶马互市"便应运而生。这样，藏区和川、滇边地出产的骡马、毛皮、药材等和川滇及内地出产的茶叶、布匹、盐和日用器皿等等，在横断山区的高山深谷间南来北往，流动不息，并随着社会经济的发展而日趋繁荣，形成一条延续至今的"茶马古道"。

茶马古道遗址

茶马古道连接川、滇、藏，延伸入不丹、尼泊尔、印度境内，直到西亚、西非红海海岸。

滇藏茶马古道大约形成于公元6世纪后期。它南起云南茶叶主产区普洱，中间经过今天的大理白族自治州和丽江地区、香格里拉进入西藏，直达拉萨。有的还从西藏转口印度、尼泊尔，是古代中国与南亚地区一条重要的贸易通道。普洱是茶马古道上独具优势的货物产地和中转集散地，具有着悠久的历史。

历史上的茶马古道并不只一条，而是一个庞大的交通网络。它是以川藏道、滇藏道与青藏道（甘青道）三条大道为主线，辅以众多的支线、附线构成的道路系统。地跨川、滇、青、藏，向外延伸至南亚、西亚、中亚和东南亚，远达欧洲。三条大道中，以川藏道开通最早，运输量最大，历史作用较大。

茶马古道岩石段

　　茶马古道中的滇藏路线是：西双版纳—普洱—大理—丽江—德钦—察隅—邦达—林芝—拉萨。到达拉萨的茶叶，还经喜马拉雅山口运往印度加尔各达，大量行销欧亚，使得它逐渐成为一条国际大通道。

茶马古道题字

今天，随着现代交通的兴起，这条自唐宋以来延续达一千多年并在汉、藏之间发挥过重要联系作用的茶马古道虽已丧失了昔日的地位与功能，但它作为中华民族形成过程的一个历史见证，是汉、藏民族关系和民族团结的象征和纽带。

3. 楼兰古道

楼兰在历史上是丝绸之路上的一个枢纽，中西方贸易的一个重要中心。西汉时，楼兰的人口总共有 1 万多人，商旅云集，市场热闹，还有整齐的街道，雄壮的佛寺、宝塔。

楼兰遗址

楼兰古城位于罗布泊西部，处于西域的枢纽，在古代丝绸之路上占有极为重要的地位。我国内地的丝绸、茶叶，西域的马、葡萄、珠宝，最早都是通过楼兰进行交易的。许多商队经过这一绿洲时，都要在那里暂时休憩。

楼兰王国从公元前176年以前建国，到公元630年消亡，共有800多年的历史。王国的范围东起古阳关附近，西至尼雅古城，南至阿尔金山，北到哈密。

楼兰遗址

但是，随着时间的推移，这个王国逐渐在世界上消失了。究竟为什么会消亡，直到现在仍然是一个谜。

楼兰古城遗址

楼兰文化堪称世界之最的人文景观。在人类历史上，楼兰是个充满了神秘色彩的名字。它曾经有过的辉煌，形成了它在世界文化史上的特殊地位。

第二节　时代坐标——地理人物

1. 埃拉托色尼

公元前275年，埃拉托色尼生于希腊在非洲北部的殖民地昔勒尼（今利比亚境内）。他从小在昔勒尼和雅典接受了良好的教育，成为一位博学的哲学家、诗人、天文学家和地理学家。

埃拉托色尼的兴趣十分广泛，他的成就主要表现在地理学和天文学方面。

埃拉托色尼曾应埃及国王的聘请，任皇家教师，并被任命为亚历山大里亚图书馆一级研究员。公元前234年，他接任图书馆馆长。当时，亚历山大里亚图书馆是古代西方世界的最高科学和知识中心，那里收藏了古代各种科学和文学论著。馆长之职在当时更是希腊学术界最有权威的职位，通常授予德高望重、众望所归的学者。

埃拉托色尼利用了自己的馆长职位之便，十分充分地学习和研究了馆藏丰富的地理资料和地图，这为他以后作出的科学创新打下了坚实的基础。

埃拉托色尼

后来，埃拉托色尼在地理学方面作出了杰出贡献。他在自己的著作《地球大小的修正》中科学地论述了地球的形状，并用一种极其巧妙但很简单的方法测定了地球的圆周长，大约为 4 万千米，这与实际地球的周长 40 076 千米相差无几。他还算出太阳与地球间距离为 1.47 亿千米，和实际距离 1.49 亿千米也惊人地相近。这一测量结果出现在 2 000 多年前，是载入地理学史册的重大成果。此外，他还在这本书中对赤道的长度，回归线与极圈的距离，极地带的范围，太阳和月亮的大小，日地月之间的距离，太阳和月亮的全食、偏食以及白昼长度随纬度和季节的变化等方面作了大量研究，代表了当时地理学发展的高水平。

日全食

日偏食

在另一本著作《地理学概论》中，埃拉托色尼对有人居住世界部分的地图进行了详细描述，且系统地提出了采用经纬网格编绘世界地图的方法，并以精确的测量为依据，将得到的所有天文学和测地学的成果尽量结合起来。因而，他所编绘的世界地图不仅在当时具有权威性，而且成为后世一切古代地图的基础。

《地理学概论》全书分三卷，第一卷对地理学的产生和发展作了历史的回顾，然后着重阐述地球的结构和演变以及水的运动（潮汐、海峡中的海流等）；第二卷为数理地理学，主要探讨天空、大地和海洋的形状和结构、地球的区域和地带的划分以及已知世界的范围等问题；第三卷是论述世界地图的改绘，包括一幅新编绘物世界地图以及区域描述。埃拉托色尼的这本书总结了希腊地理学的成就，标志了这个时期地理学的最高水平，是古代地理学宝库中的一个重要文献。

潮 汐

在这期间，埃拉托色尼继承和发展了亚里士多德的居住适应地带学说，将世界分为欧洲、亚洲和利比亚（非洲）三大洲和一个热带、两个温带、两个寒带等五个温度带。他改进了亚里士多德的分带法，对五个地带的南北界线，均给予纬度的严格划分。他确定的回归线位置，与其实际位置仅差半度。

埃拉托色尼还创立了经纬网系统，这是地图学发展中的一项重大的突破和飞跃，有着深远的意义，它为投影地图学的出现奠定了基础，是投影地图学取代经验地图学的先驱。

埃拉托色尼还在他的基础经纬网之上，叠加了一套几何图形组成了地图的第二级网格系统，作为一级网格的补充。同时，他将地理描述中的分区叙述与地图编绘紧密结合起来，也是一种创新尝试，成为描述地理学与数理地理学相结合的又一种范例。

埃拉托色尼是首先使用"地理学"名称的人，从此代替传统的"地方志"，并用它作为《地理学概论》的书名。这是该词汇的第一次出现和使用，后来广泛应用开来，成为西方各国通用学术词汇。

正是由于埃拉托色尼在地理学方面的重要贡献，西方地理学家把他推崇为"地理学之父"

2. 郑 和

明朝初期，郑和奉命七次下西洋，是我国航海史上的壮举。这次大规模的航海旅行时间之长、规模之大、范围之广都是空前的。它不仅在航海活动上达到了当时世界航海事业的顶峰，而且对发展中国与亚洲各国家政治、经济和文化上的友好关系，作出了巨大的贡献。

在古代地理上，"西洋"指南海、西南海之处。明朝初期是以婆罗/文莱为界，以东称为"东洋"，以西称为"西洋"，并把菲律宾一带的暹罗湾之海称为"涨海"。

1405 年，明朝皇帝朱棣派郑和率领 27 000 多人、200 余艘船只七次组成船队远航，历时 28 年，访问了 30 多个西太平洋和印度洋的国家和地区，

郑和雕像

加深了中国同东南亚、东非的友好关系。1433 年，郑和在最后一次远航回程到古里时，因病逝世。

郑和曾到达过爪哇、苏门答腊、苏禄、彭亨、真腊、古里、暹罗、阿丹、天方（阿拉伯国家）、左法尔、忽鲁谟斯、木骨都束等 30 多个国家，最远曾达非洲东海岸、红海、麦加，并有可能到过今天的澳大利亚。

1406 年 6 月，郑和第一次率船队下西洋，顺风南下，到达南洋要冲今印度尼西亚爪哇岛，这里人口稠密，物产丰富，商业发达。

通过与当地人的和平共处、友好交往，郑和把"以和为贵"的中国传统礼仪以及"四海一家"、"天下为公"的中华文明撒播在这里。

郑和画像

1407 年 10 月 13 日，郑和率船队进行了第二次远航。这次出访，他们到达了今天的文莱、泰国、柬埔寨、爪哇、满剌加、斯里兰卡等地区。到达斯里兰卡时，郑和船队向有关佛寺布施了金、银、丝绢、香油等。1409 年夏，郑和船队回国。

1409 年 12 月，郑和率船队从福建出洋，顺风经过十昼夜到达占城，后又到达暹罗、真腊；然后顺风到了爪哇、淡马锡（今新加坡）、满剌加，并在满剌加建造仓库，下西洋所需的钱粮货物，都存放在这些仓库里，以备使用。1411 年 7 月 6 日，郑和船队回到祖国。

1413 年冬，郑和进行了规模更大的一次远航。船队首先到达占城，后率大船队驶往爪哇、旧港、满剌加、阿鲁、苏门答腊。从这里郑和又派分船队到溜山（今马尔代夫群岛）。而大船队从苏门答腊驶向锡兰。在锡兰，郑和再次派分船队到加异勒，而大船队驶向古里，再由古里直航忽鲁谟斯（今伊朗波斯湾口）阿巴斯港格什姆岛。这里是东西方之间进行商业往来的重要都会。郑和船队由此启航回国，途经溜山国。后来郑和船队把溜山国作为横渡印度洋前往东非的中途停靠点。这次航行郑和船队跨越印度洋到达了波斯湾。第四次下西洋人数据载有

27 670 多人。

1417 年冬，郑和船队开始了第五次远航，首先到达占城，然后到爪哇、彭亨、旧港、满剌加、苏门答腊、南巫里、锡兰、沙里湾尼（今印度半岛南端东海岸）、柯枝、古里。船队到达锡兰时郑和派一支船队驶向溜山，然后由溜山西行到达非洲东海岸的木骨都束（今索马里摩加迪沙）、不剌哇（今索马里境内）、麻林（今肯尼亚马林迪）。大船队到古里后又分成两支，一支船队驶向阿拉伯半岛的祖法儿、阿丹和剌撒（今也门民主共和国境内），一支船队直达忽鲁谟斯。1419 年 8 月 8 日，郑和船队回国。

1421 年 3 月 3 日，明成祖命令郑和送十六国使臣回国。为赶东北季风，郑和率船队很快出发，到达国家及地区有占城、暹罗、忽鲁谟斯、阿丹、祖法儿、剌撒、不剌哇、木骨都束、竹步（今索马里朱巴河）、麻林、古里、柯枝、加异勒、锡兰山、溜山、南巫里、苏门答腊、阿鲁、满剌加、甘巴里、幔八萨（今肯尼亚的蒙巴萨）。郑和船队回国时，随船来访的有暹罗、苏门答腊和阿丹等国使节。

1430 年 6 月 29 日，郑和再次出使西洋。船队到达福建长乐太平港，在南山三峰塔寺立《天妃灵应之记》石碑。两碑都记下了他们六次出航的历程。这次远航经占城、爪哇的苏鲁马益、苏门答腊、古里、竹步，再向南到达非洲南端接近莫桑比克海峡，然后返航。当船队航行到古里附近时，郑和因劳累过度一病不起，1433 年四月初，郑和在印度西海岸古里逝世。船队由正使太监王景弘率领返航，经苏门答腊、满剌加等地，1433 年 7 月 22 日郑和船队到达南京。

郑和航行前后达 28 年，他访问了 30 多个国家和地区。每到一地，郑和都会赠给各国国王厚礼，以示友好，船队带去丝绸、瓷器、铜铁器、金银和其他手工业品交换当地特产。随行官员随时记录见闻。回航时，各国派使同来，赠珍宝特产给明皇帝，并与中国商人交换。友好的交往，扩大了贸易，也增进了了解。郑和出色地完成了他的使命，南洋等地的人民一直纪念这位和平友好的使者，在一些城市里，至今还保有纪念郑和的寺庙和胜迹。郑和七次远航是世界航海史上的壮举。欧洲航海家哥伦布、达·伽马的海上活动，都比郑和晚得多，他们几次航行，人数在 100 人左右，船只三四艘，吨位最大的仅 120 吨。在航程、规模、组织等方面，郑和都超过这几位欧洲航海家。

郑和船队下西洋比西方探险家达·伽马、哥伦布等人早 80 多年。当时明朝在航海技术、船队规模、航程、持续时间、涉及领域等均领先于同一时期的西方。

航海技术

在七次下西洋的过程中，郑和使用方位指南针结合天文导航，在当时是最先进的航海导航技术。郑和的船队，白天用指南针导航，夜间则用观看星斗和水罗盘定向的方法保持航向。由于对船上储存淡水、船的稳定性、抗沉性等问题都作了合理解决。因此，郑和的船队能够在"洪涛接天，巨浪如山"的险恶条件下安全航行，很少发生意外事故。他们白天以约定方式悬挂和挥舞各色旗带，组成相应旗语。夜晚以灯笼反映航行时情况，遇到能见度差的雾天、雨天，配有铜锣、喇叭和螺号用于通信联系。

我国很早就可以通过观测日月星辰测定方位和船舶航行的位置。郑和船队已经把航海天文定位与导航罗盘的应用结合起来，提高了测定船位和航向的精确度，人们称之为"牵星术"。用"牵星板"观测定位的方法，通过测定天的高度，来判断船舶位置、方向，确定航线，这项技术代表了那个时代天文导航的世界先进水平。

地文航海技术

郑和下西洋的地文航海技术，是以海洋科学知识和航海图为依据，运用了航海罗盘、计程仪、测深仪等航海仪器，按照海图、针路簿记载来保证船舶的航行路线。航行时确定航行的线路，叫作"针路"。罗盘的误差，不超过 2.5°。

《郑和航海图》

《郑和航海图》收录在《武备志》中。原图呈一字形长卷，收入《武备志》时改为书本式，自右而左，有图 20 页，共 40 幅，最后附《过洋牵星图》二幅。海图中记载了 530 多个地名，其中外域地名有 300 个，最远的东非海岸有 16 个。标出了城市、岛屿、航海标志、滩、礁、山脉和航路等。其中明确标明南沙群岛

（万生石塘屿）、西沙群岛（石塘）、中沙群岛（石星石塘）。

《郑和航海图》是世界上现存最早的航海图集。这份图与同时期西方最有代表性的《波特兰海图》相比，《郑和航海图》制图的范围广，内容丰富，虽然数学精度较其低，但实用性胜过《波特兰海图》。

郑和下西洋折射出的中国先进航海科技光辉，表现了中国古代人的伟大智慧。

3. 哥伦布

15 世纪末期，欧洲已经形成比较强大的民族国家，如英国、法国、葡萄牙和西班牙。当时的天文地理知识也有了很大的发展。古希腊地理学家的地圆学说日益流行，在航海方面，欧洲的造船技术得到了很大改善，中国发明的罗盘针在欧洲已经得到了应用，在大海中航行可以不迷失方向，这使远程航海成为可能。同时在欧洲出现了一批敢于冒险的航海家和赞助者。在新航路的发现中，哥伦布是最为典型的代表人物。

1492 年 8 月 3 日，哥伦布在西班牙王室的资助下开始了全球航行。他的船队由 3 艘大帆船和 87 名水手组成。哥伦布指挥船队一直向西航行，他对途中见到的每一群海鸟和每一片水草都进行仔细的观察。

1492 年 10 月 12 日凌晨，经过两个多月的航行，哥伦布的船队在月光下隐隐约约地看到前方有一块陆地。天亮时，他们来到了一个岛屿。哥伦布立即上岸，面对繁盛的草木，他欣喜地宣布这里是西班牙的土地，并命名为圣萨尔瓦多岛。这个岛屿就是现在巴哈马群岛中的华特林岛。哥伦布以为他已经到了印度，所以把当地人称为印第安人。

哥伦布画像

后来，哥伦布没有向西，而是由此向南继续航行，到达了附近的古巴和海地，发现了那里许许多多的大小岛屿。但使哥伦布失望的是，这里并没有他所想象的那么多黄金和香料，只是有许多他们从来没有见到的动植物和风土人情。尽管如此，土地对他来说也是非常重要的。

哥伦布为了炫耀他的成功，带着掠夺来的财富和 10 个印地安人返回，于 1493 年 3 月 15 日回到西班牙的巴罗士港，向欧洲人宣布他已经找到了通往印度的航路。这在欧洲引起了轰动，哥伦布得到了国王的礼遇，成为西班牙的贵族。

不久，西班牙国王决定再次派哥伦布远航。这次，哥伦布先后到达多米尼加、海地等地。此后，哥伦布又两次到达美洲。

1506 年 5 月 20 日，哥伦布病逝于西班牙的瓦里阿多里德城。哥伦布至死都认为他所到的地方是印度。后来一个叫做亚美利加的意大利冒险家到了美洲大陆的另一边，看到了太平洋，从而证实了哥伦布发现的并不是印度，而是欧洲人过去不知道的一个新大陆。后来，人们就把那里称为"亚美利加洲"，即美洲。

4. 迪亚士

与西班牙派人向西航行的同时，葡萄牙人也在不断地向南寻找通向东方的航路。葡萄牙人很久以前就在不断地向西航行。

迪亚士是葡萄牙著名的航海家，13 世纪末，威尼斯商人马可·波罗的游记，把东方描绘成遍地黄金、富庶繁荣的乐土，引起了西方到东方寻找黄金的热潮。然而，奥斯曼土耳其帝国的崛起，控制了东西方交通要道，对往来过境的商人肆意征税勒索，加之战争和海盗的掠夺，东西方的贸易受到严重阻碍。到 15 世纪，葡萄牙和西班牙完成了政治统一和中央集权化的过程，他们把开辟到东方的新航路，寻找东方的黄金和香料作为重要的收入来源。这样，两国的商人和封建主就成为世界上第一

迪亚士画像

批殖民航海者。

迪亚士出生于葡萄牙的一个王族世家，青年时代就喜欢海上的探险活动，曾随船到过西非的一些国家，积累了丰富的航海经验。迪亚士受葡萄牙国王若昂二世委托出发寻找非洲大陆的最南端，以开辟一条往东方的新航路。

好望角

1487年，迪亚士组织船只沿着非洲海岸向南航行。1488年春天，他到达了非洲最南端好望角的莫塞尔湾，为后来另一位葡萄牙航海探险家达·伽马开辟通往印度的新航线奠定了坚实的基础。

5. 达·伽马

达·伽马是一位葡萄牙探险家，也是历史上第一位从欧洲航海到印度的人。

1497年7月8日，葡萄牙人达·伽马组织了更大的船队，从里斯本出发，先是循着迪亚士发现的航路，经过几个月的航行，11月时达伽·马到达好望角，并从那里折向北航行。

1498年3月，达·伽马到达了莫桑比克。在一个阿拉伯向导的指引下，他们在那里建立据点，但遭到当地人的抵制。所以，达·伽马在购买了大批香料、丝绸、宝石和其他东方特产后匆匆返航。

在以后的航行中，葡萄牙人带来了更多的人马和大炮，打败印度洋上各地有组织的抵抗，建立了许多商业和军事据点，终于控制了这条通往东方的航路。

6. 麦哲伦

真正通过探险证实可以环绕世界航行的是麦哲伦。西班牙人虽然发现了美洲，但当时在那里所获得的利益却远远不如葡萄牙人在印度所获得的多，所以西班牙决意要继续向西航行，以求从西面到达印度。

1519 年 9 月 20 日，葡萄牙人麦哲伦在西班牙国王的帮助下，率领一支由 5 条大帆船和 265 名水手组成的探险船队出航。他们先是沿着已经知道的道路向西航行，然后转向南，沿着美洲大陆摸索着南下。途中曾经因冬天的寒冷而停留相当长一段时间。在春天到来之际，麦哲伦发现了美洲南部的海峡，后来人们把这里称为"麦哲伦海峡"。

在横渡太平洋时，麦哲伦的船队经历了严重的缺少食物和淡水的困难，一些丧失希望的人曾经发动反对麦哲伦的叛乱，叛乱的首领被麦哲伦抛在途中的荒岛上。

1521 年 3 月，麦哲伦终于到达了菲律宾群岛。他的船队在这里得到了补充。麦哲伦在干涉岛上内部战争时，被当地的土著人杀死。后来船队沿着已经熟悉的航路进入印度洋，再沿着葡萄牙人发现的航路返回西班牙。当 1522 年 9 月船队返回西班牙时，水手们惊奇地发现所使用的日历少了一天。通过这次航行，地圆学说得到了确认。

附录：中国遗产名录

序号	遗产名称	批准时间	遗产种类
1	长城	1987. 12	文化遗产
2	明清皇宫	1987. 12	文化遗产
3	陕西省秦始皇陵及兵马俑	1987. 12	文化遗产
4	甘肃省敦煌莫高窟	1987. 12	文化遗产
5	北京周口店北京猿人遗址	1987. 12	文化遗产
6	山东省泰山	1987. 12	文化与自然双重遗产
7	安徽省黄山	1990. 12	文化与自然双重遗产
8	湖南省武陵源国家级名胜区	1992. 12	自然遗产
9	四川省九寨沟国家级名胜区	1992. 12	自然遗产
10	四川省黄龙国家级名胜区	1992. 12	自然遗产
11	西藏布达拉宫	1994. 12	文化遗产
12	河北省承德避暑山庄及周围寺庙	1994. 12	文化遗产
13	山东省曲阜的孔庙、孔府及孔林	1994. 12	文化遗产
14	湖北省武当山古建筑群	1994. 12	文化遗产
15	江西省庐山风景名胜区	1996. 12	文化景观
16	四川省峨眉山—乐山风景名胜区	1996. 12	文化与自然双重遗产
17	云南省丽江古城	1997. 12	文化遗产
18	山西省平遥古城	1997. 12	文化遗产
19	江苏省苏州古典园林	1997. 12	文化遗产
20	北京颐和园	1998. 11	文化遗产
21	北京天坛	1998. 11	文化遗产
22	重庆大足石刻	1999. 12	文化遗产
23	福建省武夷山	1999. 12	文化与自然双重遗产
24	四川省青城山和都江堰	2000. 11	文化遗产
25	河南省洛阳龙门石窟	2000. 11	文化遗产
26	明清皇家陵寝	2000. 11	文化遗产
27	安徽省古村落：西递、宏村	2000. 11	文化遗产
28	山西省大同云冈石窟	2001. 12	文化遗产
29	云南省三江并流	2003. 7	自然遗产
30	吉林省高句丽王城、王陵及贵族墓葬	2004. 7	文化遗产

序号	遗产名称	批准时间	遗产种类
31	澳门历史城区	2005.7	文化遗产
32	四川省大熊猫栖息地	2006.7	自然遗产
33	河南省安阳殷墟	2006.7	文化遗产
34	中国南方喀斯特	2007.6	自然遗产
35	广东省开平碉楼与村落	2007.6	文化遗产
36	福建省土楼	2008.7	文化遗产
37	江西省三清山	2008.7	自然遗产
38	山西省五台山	2009.6	文化景观
39	河南省登封"天地之中"古建筑群	2010.8	文化遗产
40	中国丹霞	2010.8	自然遗产

1. **长城** 中国的长城是人类文明史上最伟大的建筑工程，它始建于 2 000 多年前的春秋战国时期，秦朝统一中国之后联成万里长城。汉、明两代又曾大规模修筑。其工程之浩繁，气势之雄伟，堪称世界奇迹。岁月流逝，物是人非，如今当您登上昔日长城的遗址，不仅能目睹逶迤于群山峻岭之中的长城雄姿，还能领略到中华民族创造历史的大智大勇。

2002 年 11 月中国唯一的水上长城辽宁九门口长城通过联合国教科文组织的验收，作为长城的一部分正式挂牌成为世界文化遗产。

2. **明清皇宫** 明清皇宫——北京故宫，又称"紫禁城"，位于北京市区中心，为明、清两代的皇宫，有 24 位皇帝相继在此登基执政。始建于 1406 年，至今已近 600 年。故宫是世界上现存规模最大、最完整的古代土木结构建筑群，占地面积为 72 万平方米，建筑面积约 15 万平方米，拥有殿宇 9 000 多间，其中太和殿（又称"金銮殿"）是皇帝举行即位、诞辰节日庆典和出兵征伐等大典的地方。故宫黄瓦红墙，金扉朱楹，白玉雕栏，宫阙重叠，巍峨壮观，是中国古建筑的精华。皇宫内收藏有历代珍贵文物和艺术品约 120 万件。

2004 年 7 月，沈阳故宫作为明清皇宫文化遗产扩展项目列入《世界遗产名录》。

3. **陕西省秦始皇陵及兵马俑** 位于陕西临潼县城东 5 公里处，距西安 36 公里，是秦始皇嬴政的皇陵。陵区分陵园区和从葬区两部分。陵园占地近 8 平方公里，建外、内城两重，封土呈四方锥形，顶部略平，高 55 米，不仅是中国历史上第一座皇帝陵，也是最大的皇帝陵。

1974 年以来，在陵园东 1.5 公里处发现从葬兵马俑坑 3 处，出土陶俑 8 000 件、战车百乘以及数万件实物兵器等文物；1980 年又在陵园西侧出土青铜铸大型车马 2 乘。秦始皇陵兵马俑引起了全世界的震惊和关注，被誉为"世界第八奇迹"。现已在一、二、三号坑建成了秦始皇陵兵马俑博物馆，对外开放。

4. **甘肃省敦煌莫高窟**　敦煌莫高窟，俗称"千佛洞"。位于甘肃敦煌市东南 25 公里的鸣沙山东麓崖壁上，上下 5 层，南北长约 1 600 米。始凿于 366 年，后经十六国至元十几个朝代的开凿，形成一座内容丰富、规模宏大的石窟群。现存洞窟 492 个，壁画 45 000 平方米，彩塑 2 400 余身，飞天 4 000 余身，唐宋木结构建筑 5 座，莲花柱石和铺地花砖数千块，是一处由建筑、绘画、雕塑组成的博大精深的综合艺术殿堂，是世界上现存规模最宏大、保存最完好的佛教艺术宝库，被誉为"东方艺术明珠"。20 世纪初又发现了藏经洞（莫高窟第 17 洞），洞内藏有 4 ~ 10 世纪的经书、文书和文物五六万件，引起国内外学者极大的关注，形成了著名的敦煌学。

5. **北京周口店北京猿人遗址**　周口店北京猿人遗址位于北京市房山区周口店龙骨山。因 20 世纪 20 年代出土了较为完整的北京猿人化石而闻名于世，尤其是 1929 年发现了第一具北京人头盖骨，从而为北京人的存在提供了坚实的基础，成为古人类研究史上的里程碑。出土的人类化石包括 6 件头盖骨、15 件下颌骨、157 枚牙齿及大量骨骼碎块，代表约 40 个北京猿人个体，为研究人类早期的生物学演化及早期文化的发展提供了实物依据。

在龙骨山顶部于 1930 年发掘出生活于 2 万年前后的古人类化石，被命名为"山顶洞人"。1973 年又发现介于二者年代之间的"新洞人"，表明北京人的延续和发展。

6. **山东省泰山文化**　泰山，古名"岱山"，又称"岱宗"。自然景观雄伟绝奇，有数千年精神文化的渗透渲染和人文景观的烘托，被誉为"中华民族精神文化的缩影"。1987 年，泰山被联合国教科文组织公布为世界自然与文化遗产。

世界遗产专家在泰山考察时发现，泰山既有突出的自然科学价值，又有突出的美学和历史文化价值，是一座融自然科学与历史文化价值于一体的神奇大山。

7. **安徽省黄山**　黄山雄踞风景秀丽的安徽南部，是我国最著名的山岳风景区之一。山体伟特，玲珑巧石，万姿千态。主峰莲花峰海拔 1 860 米。黄山美在奇松、怪石、云海、温泉"四绝"。自古以来，游历名山者多以为黄山之美不亚于五岳。"五岳归来不看山，黄山归来不看岳"，"任他五岳归来客，一见天都也叫奇"。历代游客盛赞"天下名景集黄山"，谓泰岱的雄伟，华山的峻峭，衡岳的烟云，匡庐的飞瀑，雁荡的怪石，峨嵋的清凉，黄山兼而有之。黄山胜景，以峰为体。这里峰林如海，辟地摩天，危崖突兀，幽壑纵横，美不胜收。

8. 湖南省武陵源国家级名胜区　武凌源风景名胜区位于湖南省张家界市。总面积264平方公里，由张家界国家森林公园、索溪峪和天子山等三大景区组成。主要景观为石英砂岩峰林地貌，境内共有3 103座奇峰，姿态万千，蔚为壮观。景区内沟壑纵横，溪涧密布，森林茂密，人迹罕至，森林覆盖率85%，植被覆盖率99%，中、高等植物3 000余种，乔木树种700余种，可供观赏园林花卉多达450种，陆生脊椎动物50科116种。区内地下溶洞串珠贯玉，已开发的黄龙洞初探长度达11公里。武凌源以奇峰、怪石、幽谷、秀水、溶洞"五绝"而闻名于世。

9. 四川省九寨沟国家级名胜区　以"童话世界"、"人间仙境"而著称的九寨沟位于东经103°46′~104°4′，北纬32°51′~33°19′，在四川省西北部阿坝藏族羌族州九寨沟县境内，地处青藏高原东南边缘的尕尔纳山峰北麓，海拔在2 000米至3 000米之间，距四川省省会成都市435公里。

10. 四川省黄龙国家级名胜区　黄龙风景名胜区位于四川省阿坝藏族羌族自治州松潘县境内，景区面积700平方公里。主要景观集中于长约3.6公里的黄龙沟，沟内遍布碳酸钙华沉积，并呈梯田状排列，仿佛是一条金色巨龙，并伴有雪山、瀑布、原始森林、峡谷等景观。黄龙风景名胜区既以独特的岩溶景观著称于世，也以丰富的动植物资源享誉人间。从黄龙沟底部（海拔2 000米）到山顶（海拔3 800米）依次出现亚热带常绿与落叶阔叶混交林、针叶阔叶混交林、亚高山针叶林、高山灌丛草甸等。包括大熊猫、金丝猴在内的10余种珍贵动物徜徉其间，使黄龙景区的特殊岩溶地貌与珍稀动植物资源相互交织，浑然天成。以其雄、峻、奇、野风景特色，享有"世界奇观"、"人间瑶池"的美誉。

11. 西藏布达拉宫　位于西藏拉萨西北的玛布日山上，是著名的宫堡式建筑群，藏族古建筑艺术的精华。

始建于公元7世纪，是藏王松赞干布为远嫁西藏的唐朝文成公主而建。现占地41公顷，宫体主楼13层，高115米，全部为石木结构，5座宫顶覆盖镏金铜瓦，金光灿烂，气势雄伟。布达拉宫分为两大部分：红宫和白宫。居中央的是红宫，主要用于开展宗教事务；两翼刷白粉的是白宫，是达赖喇嘛生活起居和政治活动的场所。根据世界文化遗产遴选标准C（I）（IV）（VI），布达拉宫于1994年12月入选《世界遗产名录》。2000年11月又加入了拉萨的大昭寺。2001年12月，拉萨的罗布林卡也被补充加入此项世界文化遗产。

12. 河北承德避暑山庄及周围寺庙　避暑山庄又名"承德离宫"或"热河行宫"，位于河北省承德市中心北部，武烈河西岸一带狭长的谷地上，距离北京230公里，是清代皇帝夏天避暑和处理政务的场所。它始建于1703年，历经清朝康熙、雍正、乾隆三代皇帝，耗时约90年建成。与北京紫禁城相比，避暑山庄以朴素淡雅的山村野趣为格调，取自然山水之本色，吸收江南塞北之风光，成为中国现存占地最大的古代帝王宫苑。

13. 山东省曲阜的孔庙、孔府及孔林　曲阜孔庙、孔府、孔林位于山东省曲阜市，是中国历代纪念孔子、推崇儒学的表征，以丰厚的文化积淀、悠久历史、宏大规模、丰富文物珍藏以及科学艺术价值而著称。

14. 湖北省武当山古建筑群　武当山，雄峰峻岭，标奇孕秀，耸立于中国山区城市——十堰市境内，东经110°，北纬32°附近。景区"绵亘八百里"。在古代，武当山以"亘古无双胜境，天下第一仙山"的显赫地位成为千百年来人们顶礼膜拜的"神峰宝地"；在当代，国务院称誉武当山古建筑群与自然环境巧妙结合，达到了"仙山琼阁"的意境，成为我国著名的游览胜地和宗教活动场所。

15. 江西省庐山风景名胜区　庐山位于中国第一大河——长江——中游南岸、中国第一大淡水湖——鄱阳湖——滨，是座地垒式断块山。大山、大江、大湖浑然一体，险峻与柔丽相济，素以"雄、奇、险、秀"闻名于世。富有独特的庐山文化，具有重要的科学价值与美学价值。庐山风景名胜区面积302平方千米，外围保护地带为500平方千米。庐山有独特的第四纪冰川遗迹，有河流、湖泊、坡地、山峰等多种地貌类型，有"地质公园"之称。

16. 四川省峨眉山—乐山风景名胜区　峨眉山，位于中国四川省峨眉山市境内，景区面积154平方公里，最高峰万佛顶海拔3 099米，是著名的旅游胜地和佛教名山；是一个集自然风光与佛教文化为一体的中国国家级山岳型风景名胜区。1996年12月成为文化与自然双重遗产。

17. 云南省丽江古城　丽江古城是云南省丽江市的中心城镇，位于云南省西北部，地理坐标为东经100°14′，北纬26°52′。古城位于县境的中部，海拔2 400余米。是一座风景秀丽、历史悠久、文化灿烂的名城，也是中国罕见的保存相当完好的少数民族古城。

18. 山西省平遥古城　平遥古城位于山西省中部，是一座具有2 700多年历史的文化名城。古城始建于公元前827年—前782年的周宣王时期，为西周大将尹吉甫驻军于此而建。自公元前221年秦朝实行"郡县制"以来，平遥城一直是县治所在地，延续至今。平遥古城历尽沧桑、几经变迁，成为国内现存最完整的一座明清时期中国古代县城的原型。迄今为止，古城的城墙、街道、民居、店铺、庙宇等建筑仍然基本完好，原来的形式和格局大体未动，它们同属平遥古城现存历史文物的有机组成部分。

19. **江苏省苏州古典园林**　苏州是著名的历史文化名城和国家重点风景旅游城市，物华天宝，人杰地灵，自古以来被人们誉为"园林之城"，其盛名享誉海内外。苏州古典园林历史绵延2 000余年，在世界造园史上有其独特的历史地位和价值，它以写意山水的高超艺术手法，蕴涵浓厚的传统思想文化内涵，展示东方文明的造园艺术典范。

2000年11月苏州艺圃、藕园、沧浪亭、狮子林和退思园5座园林作为苏州古典园林的扩展项目被批准列入《世界遗产名录》。

20. **北京颐和园**　北京西郊的西山脚下海淀一带，泉泽遍野，群峰叠翠，山光水色，风景如画。从公元11世纪起，这里就开始营建皇家园林，到清朝结束时，园林总面积达到了1 000多公顷，如此大面积的皇家园林世所罕见。

21. **北京天坛**　天坛位于北京的南端，是明清两代皇帝每年祭天和祈祷五谷丰收的地方。它严谨的建筑布局、奇特的建筑结构、瑰丽的建筑装饰，被认为是我国现存的一组最精致、最美丽的古建筑群，在世界上享有极大的声誉。

天坛建于明永乐十八年（1420年），与故宫同时修建，面积约270万平方米，分为内坛和外坛两部分，主要建筑物都在内坛。南有圜丘坛、皇穹宇，北有祈年殿、皇乾殿，由一座高2.5米，宽28米，长360米的甬道，把这两组建筑连接起来。天坛的总体设计，从它的建筑布局到每一个细部处理，都强调了"天"。它那300多米长的高出地面的甬道，人们登临其上，环顾四周，首先看到的是那广阔的天空和象征天的祈年殿，一种与天接近的感觉就油然而生。这条甬道又叫"海漫大道"，这是因为古人认为到天坛去拜天等于上天，而由人间到天上的路途非常遥远、漫长。

22. **重庆大足石刻**　大足石刻是大足县境内主要表现为摩崖造像的石窟艺术的总称。大足县是重庆市所辖郊县，始建于唐乾元元年（758年），以"大丰大足"而得名，是驰名中外的"石刻之乡"、"五金之乡"，全国首批甲级开放县，国家确定的长江三峡旅游县的起点，全国生态农业先进县，重庆市对外开放的重要窗口。大足县历史悠久，人文景观、旅游资源非常丰富。县境内石刻造像星罗棋布，公布为文物保护单位的摩崖造像多达75处，雕像5万余身，铭文10万余字。

大足石刻其规模宏大，刻艺精湛，内容丰富，具有鲜明的民族特色，具有很高的历史、科学和艺术价值，在我国古代石窟艺术史上占有举足轻重的地位，被国内外誉为"神奇的东方艺术明珠"，是天才的艺术，是一座独具特色的世界文化遗产的宝库。

23. 福建省武夷山 武夷山市位于福建省北部，属中亚热带地区。境内东、西、北部群山环抱，峰峦叠嶂，中南部较平坦，为山地丘陵区。市区海拔210米，地貌层次分明，呈梯状分布。地势由西北向东南倾斜，最高处黄岗山海拔2 158米，在我国大陆称为"华东屋脊"；最低处兴田镇，海拔165米（河床标高海拔160米）。最高与最低点高差1 993米，地势高低相差之大，为福建省之最。闻名中外的武夷山风景名胜区及武夷山自然保护区主要部分位于境内，使武夷山市自然条件具备诸多特异性。

24. 四川省青城山和都江堰 青城山，位于四川成都的都江堰风景区，是中国著名的道教名山。山内古木参天，群峰环抱，四季如春，故名"青城山"。青城山分青城前山和青城后山。前山景色优美，文物古迹众多；后山自然景物原始而华美，如世桃园，绮丽而又神秘。

都江堰位于四川成都平原西部的岷江上，建于公元3世纪，是中国战国时期秦国蜀郡太守李冰及其子率众修建的一座大型水利工程，是全世界至今为止，年代最久、唯一留存、以无坝引水为特征的宏大水利工程。2 200多年来，至今仍发挥巨大效益，李冰治水，功在当代，利在千秋，不愧为闻名世界的伟大杰作，造福人民的伟大水利工程。

25. 河南省洛阳龙门石窟 洛阳龙门石窟位于河南洛阳市东南，分布于伊水两岸的崖壁上，南北长达1公里。龙门石窟始凿于北魏年间，先后营造400多年。现存窟龛2 300多个，雕像10万余尊，是我国古代雕刻艺术的典范之作。

26. 明清皇家陵寝 包括明显陵（湖北钟祥市）、清东陵（河北遵化市）、清西陵（河北易县）。明孝陵（江苏）、十三陵（北京）、盛京三陵（辽宁）。

明显陵：位于湖北省钟祥市城东7.5公里纯德山的明显陵，是明世宗嘉靖皇帝的父亲恭睿皇帝和母亲章圣皇太后的合葬墓，始建于明正德十四年（1519年），陵园面积1.83平方公里，是我国中南地区唯一的一座明代帝王陵墓，是我国明代帝陵中最大的单体陵墓。其"一陵两冢"的陵寝结构，为历代帝王陵墓中绝无仅有。

清东陵：位于河北省遵化市西北三十公里处的马兰峪，界于北京、天津、唐山、承德之中。西距北京150公里，南距唐山100公里，北距承德100公里。陵园大小建筑580座。清东陵是葬有顺治、康熙、乾隆、咸丰和同治五个清朝皇帝，再加上孝庄、慈禧和香妃等 161 人的大陵园。清东陵堪称是清朝遗留的中国文化瑰宝。

清西陵：清西陵位于河北省易县城西 15 公里的永宁山下，在北京西南方 120 公里处，是清代帝王陵寝之一，与河北省遵化县东陵东西相对而称"西陵"。这里埋葬着雍正、嘉庆、道光、光绪四位皇帝及他们的后妃、王爷、公主、阿哥等 76 人。共有陵寝 14 座，还在配属建筑行宫、永福寺，这里风景秀丽，环境幽雅，规模宏大，体系完整，是一处典型的清代古建筑群。

2003 年 7 月北京市的十三陵和江苏省南京市的明孝陵作为明清皇家陵寝的一部分收入《世界遗产名录》。

2004 年 7 月，盛京三陵作为明清皇家陵寝扩展项目列入《世界遗产名录》。

27. **安徽省古村落：西递、宏村**　西递是黄山市最具代表性的古民居旅游景点，坐落于黄山南麓。据史料记载，西递始祖为唐昭宗李晔之子，因遭变乱，逃匿民间，改为胡姓，繁衍生息，形成聚居村落。故自古文风昌盛，到明清年间，一部分读书人弃儒从贾，他们经商成功，大兴土木，建房、修祠、铺路、架桥，将故里建设得非常舒适、气派、堂皇。历经数百年社会的动荡，风雨的侵袭，虽半数以上的古民居、祠堂、书院、牌坊已毁，但仍保留了数百幢古民居，从整体上保留下明清村落的基本面貌和特征。

宏村：位于黟县城西北角。村内鳞次栉比的层楼叠院与旖旎的湖光山色交相辉映，动静相宜，空灵蕴藉，处处是景，步步入画。从村外自然环境到村内的水系、街道、建筑，甚至室内布置都完整地保存着古村落的原始状态，没有丝毫现代文明的迹象。造型独特并拥有绝妙田园风光的宏村被誉为"中国画里乡村"。

28. **山西省大同云冈石窟**　位于山西省大同市的云冈石窟，有窟龛 252 个，造像 51000 余尊，代表了公元 5 世纪至 6 世纪中国杰出的佛教石窟艺术。其中的昙曜五窟，布局设计严谨统一，是中国佛教艺术第一个巅峰时期的经典杰作。

29. **云南省"三江并流"**　"三江并流"自然景观位于中国西南部云南省青藏高原南部横断山脉的纵谷地区，由怒江、澜沧江、金沙江及其流域内的山脉组成，整个区域面积达 4.1 万平方公里。它地处东亚、南亚和青藏高原三大地理区域的交会处，是世界上罕见的高山地貌及反映其演化的代表地区，也是世界上生物物种最为丰富的地区之一。该地区跨越丽江市、迪庆藏族自治州、怒江傈僳族自治州三个州市，区内汇集了高山峡谷、雪峰冰川、高原湿地、森林草甸、淡水湖泊、稀有动物、珍贵植物等奇异景观。

同时，该地区还是 16 个民族的聚居地，是世界上罕见的多民族、多语言、多种宗教信仰和风俗习惯并存的地区。长期以来，"三江并流"自然景观一直是科学家、探险家和旅游者的向往之地，具有重要的科学价值、美学意义和丰富多彩的少数民族文化。

30. **吉林省高句丽王城、王陵及贵族墓葬** 2004 年 7 月 1 日，在中国苏州召开的第 28 届世界遗产委员会会议传来消息，主体坐落于吉林省集安市的"中国高句丽王城、王陵及贵族墓葬"申报世界文化遗产成功，我国的世界遗产名录增加到 30 个。该处入选理由是：建筑技艺精湛，堪称同时代工艺的典范；艺术成就突出，特别是墓葬中的壁画，体现了高超的艺术水准；文明内涵富有特色，众多珍贵文物都反映了高句丽时期独具特色的文明。高句丽是我国历史上一个少数民族地方政权，存续于汉唐期间，前后历经约 705 年，创造了灿烂的古代文明，在吉林、辽宁等地留下了丰富的历史遗迹和文物。

31. **澳门历史城区** 澳门历史城区是连结相邻的众多广场空间及二十多处历史建筑，以旧城区为核心的历史街区。覆盖范围包括妈阁庙前地、亚婆井前地、岗顶前地、议事亭前地、大堂前地、板樟堂前地、耶稣会纪念广场、白鸽巢前地等多个广场空间，以及妈阁庙、港务局大楼、郑家大屋、圣老楞佐教堂、圣若瑟修院及圣堂、岗顶剧院、何东图书馆、圣奥斯定教堂、民政总署大楼、三街会馆（关帝庙）、仁慈堂大楼、大堂（主教座堂）、卢家大屋、玫瑰堂、大三巴牌坊、哪吒庙、旧城墙遗址、大炮台、圣安多尼教堂、东方基金会会址、基督教坟场、东望洋炮台（含东望洋灯塔及圣母雪地殿圣堂）等二十多处历史建筑。

32. **四川省大熊猫栖息地** 四川大熊猫栖息地世界自然遗产包括卧龙、四姑娘山、夹金山脉，面积 9 245 平方公里，涵盖成都、阿坝、雅安、甘孜 4 个市州 12 个县。这里生活着全世界 30% 以上的野生大熊猫，是全球最大最完整的大熊猫栖息地，也是全球除热带雨林以外植物种类最丰富的区域之一。它曾被自然保护国际选定为全球 25 个生物多样性热点之一，被全球环境保护组织确定为全球 200 个生态区之一。

33. **河南省安阳殷墟** 中国安阳商代遗址又名"殷墟"，占地约 24 平方公里，位于河南省安阳市区西北小屯村一带，距今已有 3 300 多年历史。殷墟是闻名中外的中国商代晚期都城遗址，是中国历史上有文献可考、并为甲骨文和考古发掘所证实的最早的古代都城遗址。

34. **中国南方喀斯特** 中国南方喀斯特由云南石林的剑状、柱状和塔状喀斯特，贵州荔波的森林喀斯特，重庆武隆的以天生桥、地缝、天洞为代表的立体喀斯特共同组成，形成于距今 50 万年至 3 亿年间，总面积达 1 460 平方公里，其中提名地（核心区）面积 480 平方公里，缓冲区面积 980 平方公里。

35. 广东省开平碉楼与古村落 开平碉楼位于广东省开平市，是中国乡土建筑的一个特殊类型，是一种集防卫、居住和中西建筑艺术于一体的多层塔楼式建筑。根据现存实证，开平碉楼最迟在明代后期（16 世纪）已经产生，到 19 世纪末 20 世纪初发展成为表现中国华侨历史、社会形态与文化传统的一种独具特色的群体建筑形象。

36. 福建省土楼 福建永定土楼位于龙岩地区，是世界上独一无二的神奇的山区民居建筑，是中国古建筑的一朵奇葩。它历史悠久、风格独特、规模宏大、结构精巧。土楼分方形和圆形两种。福建土楼造型独特，规模宏大，结构奇巧。土楼文化根植于东方血缘伦理关系，是聚族而居传统文化的历史见证，体现了世界上独一无二的大型生土夯筑的建筑艺术成就，具有"普遍而杰出的价值"。

37. 江西省三清山 三清山位于江西上饶东北部，古有"天下无双福地"、"江南第一仙峰"之称，因玉京、玉虚、玉华三座山峰高耸入云，宛如道教玉清、上清、太清三个最高境界而得名。三清山东险西奇、北秀南绝，四季景色绮丽秀美，三清山有着独特花岗岩石柱与山峰，丰富的花岗岩造型石与多种植被、远近变化的景观及震撼人心的气候奇观相结合，创造了世界上独一无二的景观美学效果，呈现了引人入胜的自然美。景区边界合理，有效地保护了景观的自然性和维护景观品质所必需的区域。

38. 山西省五台山 五台山是世界五大佛教圣地之一，位居中国四大佛教名山之首，是国务院首批公布的国家级重点风景名胜区、国家森林公园、国家对外推出的 35 张旅游王牌产品之一，也是中华十大名山之一、国家首批 5A 级旅游区。

五台山地处山西省五台县东北部，由东、南、西、北、中五座山峰环绕而成，五峰耸峙，高出云表，顶无林木，平坦宽阔，犹如垒土之台，故名"五台山"。盛夏时节，绿草红花与台顶千年不化的坚冰为伴，景色秀美，气候凉爽，又名"清凉山"。

北台也称"叶斗峰"，海拔 3 061 米，素有"华北屋脊"之称。西台也称"挂月峰"，中台也称"翠岩峰"，东台也称"望海峰"，南台也称"锦绣峰"。五座台山各有特色，各具风韵。每到盛夏，五座台山山花烂漫，香气四溢，游人至此，犹如置身花海，令人陶醉。

五台山自东汉永平 11 年（公元 68 年）开始建庙，至今历时近 2 000 年，形成了国内唯一的一处由青庙（汉传佛教）、黄庙（藏传佛教）并居一山共同讲经说法的道场，被誉为"中国佛教的缩影"、"世界著名的佛教圣地"。

五台山迄今仍保存着北魏、唐、宋、元、明、清等7个朝代的寺庙建筑47处，荟萃了7个朝代的彩塑、5个朝代的壁画以及堪称典范的古建艺术。南禅寺是世界上现存最古老的木结构建筑，被誉为"中华瑰宝"。佛光寺被世人誉为"东方古建明珠"、"亚洲佛光"。五台山的标志建筑塔院寺大白塔，为我国现存元代覆钵式塔最高建筑。

中国山西五台山于2009年6月26日在西班牙塞维利亚举行的第33届世界遗产大会上被正式列入《世界遗产名录》

39. **河南省登封"天地之中"古建筑群** 2010年8月1日7时48分，在第34届世界遗产大会上，作为我国当年唯一申报世界文化遗产项目的郑州登封天地之中历史建筑群被成功列入《世界遗产名录》，成为河南省继龙门石窟、安阳殷墟之后的第三处世界文化遗产。

位于中国河南省的嵩山，被认为是具有神圣意义的中岳。在海拔1 500米的嵩山脚下，距河南省登封市不远，有8座占地共40平方公里的建筑群，其中包括三座汉代古阙，以及中国最古老的道教建筑遗址——中岳庙、周公测景台与登封观星台等等。这些建筑物历经9个朝代修建而成，它们不仅以不同的方式展示了"天地之中"的概念，还体现了嵩山作为虔诚的宗教中心的力量。登封历史建筑群是古代建筑中用于祭祀、科学技术及教育活动的最佳典范之一。内容主要是8处11项，中岳庙、太室阙、启母阙、少室阙、会善寺、嵩阳书院、嵩岳寺塔、少林寺常住院、塔林、初祖庵等。其历经汉、魏、唐、宋、元、明、清，构成了一部中国中原地区上下2 000年形象直观的建筑史，是中国时代跨度最长、建筑种类最多、文化内涵最丰富的古代建筑群，是中国先民独特宇宙观和审美观的真实体现。

在中国传统的宇宙观中，中国是位居天地中央之国，而天地中心则在中原，中原的核心则在郑州登封，因而这里成为中国早期王朝建都之地和文化荟萃的中心，中国几大主流文明——儒、佛、道——都在这里建立了弘扬传播本流派文化的核心基地，这里也成为人们测天量地的中心，这一历史背景使得这里汇聚和留存了大量珍贵的文化纪念建筑，其精华，即登封"天地之中"历史建筑群，都与中国"天地之中"传统宇宙观发生着直接的、必然的联系。

40. **中国丹霞** 2010年8月1日，联合国世界遗产委员会（WHC）在第34届世界遗产大会上一致通过湖南崀山、广东丹霞山、福建泰宁、贵州赤水、江西

　　龙虎山、浙江江郎山"捆绑"申报的"中国丹霞"列为世界自然遗产。至此，中国的世界遗产地数量已增加到 40 个。

　　中国丹霞是中国境内由陆相红色砂砾岩在内生力量（包括隆起）和外来力量（包括风化和侵蚀）共同作用下形成的各种地貌景观的总称。这一遗产包括中国西南部亚热带地区的 6 处遗址。它们的共同特点是壮观的红色悬崖以及一系列侵蚀地貌，包括雄伟的天然岩柱、岩塔、沟壑、峡谷和瀑布等。这里跌宕起伏的地貌，对保护包括约 400 种稀有或受威胁物种在内的亚热带常绿阔叶林和许多动植物起到了重要作用。

敬　启

　　本书的编选，参阅了一些报刊和著作。由于联系上的困难，我们与部分入选文章的作者未能取得联系，谨致深深的歉意。敬请原作者见到本书后，及时与我们联系，以便我们按国家有关规定支付稿酬并赠送样书。